영화음악

불멸의 사운드트랙 이야기

차례
Contents

영화음악에 관한 몇 가지 이야기

영화 한 스푼 음악 두 스푼

독자라면 누구나 영화음악을 매개로 머릿속에 떠오르는 풍경이 있을 것이다. 꼬마시절 동네 골목에서 흥얼거리던 「록키 Rocky」(1976)의 테마 곡을 시작으로, 상어의 날카로운 이빨이 연상되는 「죠스 Jaws」(1975)의 멜로디, 끝없이 내리는 눈의 풍경이 아름다운 「러브레터 Love Letter」(1995)의 피아노곡 〈Winter Story〉와 소피 마르소(Sophie Marceau)의 풋풋함이 잊혀지지 않는 「라붐 La Boum」의 주제가는 물론, 「원스 어폰 어 타임 인 아메리카 Once Upon A Time In America」(1984)

에서 들려오는 애절한 플루트 연주까지, 실로 헤아릴 수 없을 만큼 많은 영화에서 들을 수 있는 그 모든 것들은 우리에게 '영화음악'이란 이름으로 추억이 되고 있다.

영화음악이란 어쩌면 영화에 종속적인 위치로 영화를 돋보이게 하는 부수적인 역할만 하는지 모른다. 음악을 위한 뮤직비디오가 아닌 이상, 영화음악은 영화가 있어야만 숨쉴 수 있기 때문이다. 그렇지만 영화와 음악 모두가 독립된 장르로 자리매김하는 가운데 영화음악만큼은 영화 없이는 실현 불가능한 장르이면서도, 이제는 바꿔서 영화음악 없는 영화를 상상하기도 힘들어졌다. 그만큼 영화와 영화음악은 서로 친밀하게 가까운 거리를 유지하면서 각각의 시너지 효과를 창출하는 공생관계의 장르인 것이다.

흑백의 무성영화를 시작으로, 인간이 상상할 수 있는 거의 모든 것을 스크린에 표현할 수 있는 최첨단 기술력을 자랑하는 21세기까지 영화는 기술적으로 비약적인 발전을 거듭해왔다. 놀라운 성장을 이어가는 영상에 비해 영화음악의 위치는 과연 어느 정도의 자리까지 성장했을까? 결론적으로 영화음악은 초기 태동기부터 현재에 이르기까지 한결같은 모습과 위치를 고수한다고 말할 수 있다.

이것은 질적으로 영화음악을 폄하하는 것이 아니라, 지금까지 영화음악이 부수적인 위치에서 영화를 효과적으로 포장하는 용도로 비춰져왔다는 것을 의미한다. 그러나 더 정확하게 말한다면, 영화음악은 줄곧 본연의 임무를 충실히 해낸 것은 물론, 점차 영화에 흡수되고 동일화되는 과정 속에서도 독립적인 한 분야가 될 가능성을 처음부터 갖고 있었다는 뜻이다.

영화의 장면과 함께 기억되는 음악이라는 본질에 좀더 다가선다면 감성적으로 호소하는 영화음악이야말로 그것을 접하는 개개인에 따라 영화 그 이상의 가치로 남는다는 것을 알 수 있다. 때로 영상에서 느껴지는 긴박함 이상의 짜릿함을 안겨주는 영화음악의 무한한 가능성을 증명하는 방법은 그리 어렵지 않다. 미약하게나마 증명의 열쇠를 내 어린 시절에서 찾아보는 바이다.

자막 읽는 것도 서툴던 유년시절에 만난 영화 「시네마 천국 Cinema Paradiso」. 토토의 시선에서 세상 보기를 연습하던 그때만 해도 영화의 감동은 좀처럼 쉽게 다가오지 않았다. 사춘기를 지나 어른에 가까워진 20대 초반의 어느 날, 꽤 긴 시간 후에 다시 만난 그 영화가 내게는 오랜 시간 영혼을 잠식하고 있던 멜로디를 새삼 발견하는 계기가 되었다. 엔니오 모리꼬네(Ennio Morricone)가 이야기하는 그 선율은 단순히 「시네마 천국」뿐 아니라 그 후 만나는 무수히 많은 영화들을 이해하고 감상하는 데 큰 영향을 끼쳤다. 〈러브 테마 love

Theme)로 이름 붙여진 그 곡은 한껏 여유로운 멜로디로 애절함을 들려주었고, 4분도 채 안 되는 짧은 시간에 영화의 모든 것을 응축시키는 놀라움을 느낄 수 있었다. 훗날 팻 매스니(Pat Metheny)와 찰리 헤이든(Charlie Haden)이 함께한 앨범 「Beyond The Missouri Sky」에서 다시 한 번 접하게 되는 그 곡은 이제 내 인생을 완성하는 퍼즐의 한 조각이 되어 유유히 정신세계를 떠다니는 경지로 승화되었다.

영화음악이란?

본격적인 이야기에 앞서 영화음악에 대한 기본적인 지식을 알아두는 것이 영화음악에 대한 더 큰 관심을 불러일으킬 수 있는 계기가 되리라 믿는다.

먼저 자주 등장하는 용어인 '사운드트랙'에 대해 알아보자. 통상적으로 'OST'라고 말하는 이것은 'Original Sound Track'의 줄임말로 '영화음악' 또는 '사운드트랙'이라 불리기도 한다. 영화에 사용된 음악은 물론, 영화 속 대사나 소음 등이 함께 수록되기도 하며, 영화와 어울리는 기존의 곡이나 작곡가가 영화의 분위기에 어울리게 만든 창작곡 등이 삽입된다. 이렇게 기존의 곡을 사용하는 경우 우리는 그것을 '삽입곡'이라 부르며, 창작곡을 가리켜 '스코어(Score)'라 부른다.

삽입곡의 경우 이미 발표된 곡을 사용함으로써 대중들의 인지도를 한껏 끌어올리는 상승효과를 발휘하나, 영화만의 독특한 색을 표현하는 데에는 다소 무리가 따른다. 반면 스코어의 경우 삽입곡에 비해 들어가는 인적·물적 투자가 많이 소요되는 단점을 지니고 있지만, 영화의 색을 보다 뚜렷하게 표현할 수 있으며 오랫동안 대중들의 기억에 자리 잡을 수 있다. 결국 삽입곡과 스코어 중 어느 하나만을 고집하기보다는 적절한 배합을 통해 영화의 색을 표현하는 데 주력해야 하는 것이다.

영화음악에 관련된 용어를 몇 가지 더 알아보자. 먼저 '언더 스코어링(Under Scoring)'은 고전 영화음악에서 흔히 사용되던 기법으로 '미키 마우징(Mickey Mousing)'이라 불리기도 한다. 디즈니 만화영화에서 쉽게 볼 수 있는 것으로, 주인공의 행동에 따라 음악이 그 장면을 추적하는 스코어링 방법이다. 발레와 서커스에서 이미 하나의 스타일로 굳어졌으며 영상과 일치하는 매력으로 등장인물의 감정을 보다 증폭시키는 효과를 이끌어낸다.

'언더 스코어링'과 비슷하게 들리지만 전혀 다른 뜻을 갖고 있는 '오버 스코어링(Over Scoring)'은 스코어가 영화 속의 다른 음향에 비해 좀더 과장된 소리로 들리게 하는 방법이다. 영화 속의 효과음은 거의 제거된 채 처음부터 끝까지 스코어만 들리는 기법으로 극적인 장면을 연출하는 데에 있어 탁월한 역할을 한다. 그러나 자칫하면 영화의 흐름을 깨는 역효과도 일으킬 수 있어 작업에 신중을 기해야 한다. 최근 작인 「더 록 The Rock」(1996)의 경우 박진감 넘치는 긴박한 스코어가 시종일관 영화의 긴장감을 이끄는 장치로 사용되었으며, 이는 작품을 액션 영화에 길이 남을 명작의 반열로 이끄는 데 중요한 역할을 했다.

그렇다면 이쯤에서 영화음악의 역사를 살펴보자. 1895년 프랑스에서 상영된 뤼미에르 형제의 첫 번째 영화가 최초의 영화음악을 사용했던 것으로 기록된다. 이때만 해도 영화 자체는 소리가 없던 무성영화였으나 영상에 맞춰 피아니스트의 음악 반주가 이루어진 작업을 그 시초로 보는 것이다. 한편으로는 영사기의 시끄러운 소리와 상영관 안의 관객들의 소음을 중화시키고, 어두운 극장에 낯설어 하는 관객들의 공포심을 해소하기 위한 수단으로 사용되었다는 추측도 재미있다.

국내에서는 1903년 『황성신문』에 영화 광고가 실리면서 일반 대중을 대상으로 영화가 상영된 것을 알 수 있는데, 당시의 영화는 미국과 유럽 등지에서 촬영된 활동사진의 수준으로서 레코딩된 음원이 아닌 소규모로 이루어진 몇 명의 악단원의 실제 연주가 사용되었다.

무성영화의 시대에서 유성영화의 시대로 접어들면서 영화음악 또한 눈부신 발전을 거듭하게 되는데, 국내에는 최초의 발성영화 「춘향전」(1935)이 홍난파의 음악을 선보였다. 이후 「처(妻)의 모습」(1939)은 동시녹음 기법을 통해 제작되었으며, 작곡가 조두남은 이 영화를 위해 영화음악을 작곡한다. 그리고 이것이 한국영화사상 영화를 위한 최초의 영화음악으로 기록되고 있는 것이다. 한 해 제작 편수가 100편을 넘기 힘들었던 한국영화는 1959년을 기점으로 111편이 제작되는 쾌거를 이루었으며, 이때 제작된 영화들의 대다수가 주제가를 가졌을 만큼 영화음악 분야에서도 왕성한 작업이 펼쳐졌다.

　군사정권과 맞물려 많은 문제작들이 발표된 1974년, 이장호 감독의 작품 「별들의 고향」은 일종의 신호탄과도 같았다. 10년 뒤 최인호 원작, 배창호 감독의 「고래사냥」(1984)은 그 주제곡이 대학가의 전폭적인 지지를 받았음에도 불구하고 금지곡으로 낙인찍히는 바람에 사회적으로 커다란 이슈가 되었다. 어두운 그늘이 짙었던 우리의 문화계는 1990년대로 접어들어서야 제대로 된 대접을 받으며 괄목할 만한 성장을 이룩한다.

　1990년대 들어 본격적인 영화음악의 시대를 열었다고 볼 수 있는 두 작품 「사랑과 영혼 Ghost」(1990)과 「보디가드 The Bodyguard」(1992)는 각각 〈Unchained Melody〉와 〈I Will

Always Love You〉를 앞세워 대대적인 판매량을 기록하였고, 영화음악에 대한 대중들의 관심을 보다 적극적으로 이끌어 냈다. 뒤이어 국내 작품인 「접속」(1997)은 영화음악 시장을 절정으로 이끌었으며, 이를 계기로 국내 영화에 외국 팝 명곡들이 삽입되는 일종의 유행이 생겨났다. 그 대표적인 예로 한국영화의 르네상스기를 열었다고 평가받는 「쉬리」(1999)에 삽입된 〈When I Dream〉은 영화 상영 후 라디오 및 CF 등에서 폭발적인 사랑을 받고 '국민 팝송'이 되기도 하였으니, 영화음악의 영향력이 얼마나 대단한지를 유감없이 보여주는 사례로 기록된다.

한편 2000년으로 접어들면서 영화음악은 단순한 삽입곡이나 스코어를 기반으로 둔 작곡가의 영역에서 벗어나, 일반 대중가수 및 인디밴드 등에게 기회가 확대되면서 보다 다양한 장르와 표현이 시도된다. 이병우는 기타리스트로 음악활동을 시작했지만, 최근 들어 「마리이야기」(2001), 「장화, 홍련」(2003), 「스캔들－조선남녀상열지사」(2003)에 이르기까지 다양한 작품에서 왕성한 활동을 하며 영화음악가로 주목받고 있으며, 「반칙왕」(2000)에서는 어어부 프로젝트가 음악을 담당해 인디밴드만의 독특하고 신선한 음악을 선보였다.

또한 해외의 유명 작곡가와의 합작도 이루어졌는데 「살인의 추억」(2003)에서의 타로 이와시로 및 「플라스틱 트리」

(2002)의 프란시스 레이 등이 대표적인 경우다.

최근에 이르러서는 영화뿐 아니라 드라마와 뮤지컬의 사운드트랙도 적극적으로 발매되어 OST 애호가들은 보다 많은 장르의 음악을 접할 수 있게 되었다. 그러나 한시적인 인기에 편승하여 사운드트랙 발매에만 급급한 나머지 작품성이 미흡한 앨범이 속출하는 것은 제작자들이 충분히 고민해야 할 부분으로 남는다.

빛바랜 추억, 빛바랜 영상

음악과 소리의 모든 것을 담은 영화 - 「사운드 오브 뮤직」

더 이상 설명이 필요 없는 작품 「사운드 오브 뮤직 The Sound Of Music」(1965)은 '불멸의 고전'이라 불릴 만큼 전세계적으로 많은 사랑을 받았다. 그것은 이 작품이 비단 영화뿐 아니라 원작이 된 1959년의 브로드웨이 뮤지컬을 시작으로, 많은 나라에서 애니메이션, 동화책 및 연극 등 다양한 장르로 소화될 만큼 빼어난 완성도와 탄탄한 구조를 지녔기 때문이다.

또한 1966년 아카데미에서는 최우수 작품상을 비롯 감독상과 음악상, 음향상, 편집상을 수상할 만큼 평단에서도 고른 인정을 받았다. 이처럼 「사운드 오브 뮤직」이 많은 사람들로부터 사랑받고, 오랫동안 기억되는 작품이 된 계기는 무엇일까? 많은 이유가 있겠지만, 가장 주목해야 하는 이유는 바로 '음악'일 것이다. 사람이 연주하는 가장 아름다운 악기인 목소리로 세상을 울리고 사랑을 나누며, 무엇보다도 메마른 감정을 채워주는 그 온화한 조화야말로 바로 「사운드 오브 뮤직」이 내세우는 가장 큰 장점이다.

그리고 그것은 영화의 테마곡이자 가장 많은 사람들에게 알려진 대표곡 〈Do Re Mi〉와 〈My Favorite Things〉를 통해 두드러지게 부각된다. 피아노를 정식으로 배우지 않아도 누구나 연주할 만큼 쉬운 멜로디와 재미있는 가사가 인상적인 〈Do Re Mi〉는 설렘의 감정을 표현하고, 그림을 그리듯 묘사하는 가사가 돋보이는 〈My Favorite Things〉는 흥분의 감정을 표현한다.

마리아(줄리 앤드류스 Julie Andrews)의 세상에 대한 흥분과, 가정교사로서의 설렘이 시작되는 그곳에는 끊임없는 음악과 소리가 울려 퍼진다. 생각하는 모든 것을 노래로 담고 싶고, 구름과 하늘을 닮은 견습수녀 마리아는 수녀원에서 심각한 말썽꾸러기이다. 이런 그녀를 비꼬듯 선배 수녀들은 한자리에 모여 수다를 늘어놓는데, 이때 들리는 곡이 〈Maria〉다. 아직 영화에 나타나지 않은 마리아의 존재를 한순간에 설명하는 이 곡은 궁금증을 유발하고 이야기 전개에도 중요한 발단으로 활용된다. 이를 계기로 마리아가 수녀로서 적합하지 않다는 결론이 내려진 것이다.

결국 그녀는 원장 수녀의 지시로 트랩 가문의 가정교사가 되기 위해 수녀원을 떠난다. 퇴역 장교 트랩 대령(크리스토퍼 플러머 Christopher Plummer)의 7명이나 되는 아이들의 여름 방학을 책임지게 된 것. 처음 맡게 된 가정교사란 임무가 두려운 그녀는 〈I Have Confidence In Me〉를 부르며 잃고 있던 자신감을 찾는다.

영화는 이후 급물살을 타고 이야기를 진행시킨다. 첫 대면부터 시작되는 대령과 마리아의 신경전은 아기자기한 재미를 더하고, 아이들의 짓궂은 장난은 귀엽고 천진난만한 인상을 심어준다. 감정의 동화는 한여름 내리는 빗줄기보다 더욱 거세고, 그 중심에서 퍼지는 노래 소리는 마리아와 아이들을 하나로 엮는 소중한 끈이 되어준다.

뮤지컬 영화라는 장르에 충실하면서, 보다 독특하고 세련된 장면을 연출하는 「사운드 오브 뮤직」의 진가는 바로 이때부터 발휘된다. 보통의 뮤지컬 영화와는 달리 「사운드 오브 뮤직」은 일상과 뮤지컬의 경계를 거의 두지 않는다. 대사와 노래가 자연스럽게 뒤섞이고, 어색하게 장면이 전환된다거나 불필요한 조명이 등장하지 않는다. 일상과 뮤지컬의 빠른 전환은 그 당시 영화라고 생각하기 힘들 만큼 유연한 연출력을 과시하고, 상황마다 빼곡히 들어차는 노래들 또한 가사 한 마디, 어느 한 장면 빼놓을 수 없을 만큼 아름답다.

큰딸 리즐과 전보를 전해주는 집배원 롤프가 사랑을 나누는 장면에서 들을 수 있는 〈Sixteen Going On Seventeen〉은 공간을 적절히 활용한 사운드의 연출력이 돋보이며, 특히 언더 스코어링 기법을 차용한 듯한 효과는 리즐의 감정선을 뚜렷하게 스크린에 나타낸다. 이 곡은 이후 리즐의 상처를 어루만져 주기도 하는데, 성장해가는 리즐의 모습이 곡 가사를 통해 은유적으로 표현되고 있다.

아이들이 노래를 부르는 모습을 보고 감동받은 대령이 자기도 모르게 따라 부르던 〈The Sound Of Music〉은 음악을 통해 감정의 변화를 나타내는 것은 물론, 가족 간의 화합을 이끈다는 점에서 영화에 매우 어울리는 분위기를 연출한다. 익살스런 인형극에서 들을 수 있는 매우 익숙한 곡 〈The Lonely Goatherd〉는 아이들과 대령의 하나 됨이 절정에 이르렀음을 나타낸다.

난생 처음 구경하는 파티지만, 함께할 수 없는 아쉬운 마음을 나타내는 〈So Long Farewell〉에선 아이들이 한 부분씩 나누어 부르는 귀여운 가사가 인상적이고, 대령과의 감정이 부끄러워 수녀원으로 돌아온 마리아에게 원장수녀가 불러주는 〈Climb Ev'ry Mountain〉은 미래에 대한 희망으로 현실의 벽을 뛰어넘을 수 있다는 응원과 격려가 담겨져 있다.

이런 다양한 음악을 통해 영화는 우리가 꿈꾸는 가족의 완성에 박차를 가한다. 그리고 잔상이 오래가는 다음 세 곡은 특히 개인의 감성을 자극한다. 엄마를 먼저 보내고 아버지의 명령에 따라 한동안 노래하는 법조차 잃어버린 아이들에게 다시 노래하는 법을 일깨워주는 첫 번째 곡 〈Do Re Mi〉는 가족과 음악의 완성을 동시에 표현하고 있다. 7명의 아이들은 음악의 모든 것인 '도'를 시작으로 '시'까지 이루는 구성원이지만 한 옥타브를 만들기에는 마지막 '도'가 부족하다. 이것은 그동안 그들에게 아버지의 존재가 다소 부족한 면이 있었다는 것을 상징한다. 아버지가 즐겨 사용하는 피리는 단음만을 내는 도구로 마리아가 연주하는 화음 악기인 기타와는 매우 다른 위치에 서 있다. 즉, 아버지 대신 마리아가 함께함으로써 피리의 단음이 아닌 기타의 화음으로 마침내 한 옥타브의 완성이 이루어지는 것이다.

아이들은 잃어버린 엄마의 존재를 마리아로부터 되찾는 동시에 음악을 완성한다. 각각의 음이 다른 것처럼 이때부터 서서히 부각되는 아이들의 개성은 비록 7명이라 할지라도 각각 기억에 남을 만큼 생생하게 전달된다.

그렇다면 두 번째 곡 〈My Favorite Things〉는 어떨까? 마리아가 가정교사로 부임한 첫날 밤, 천둥번개가 심하게 치자 아이들은 무서워 하나같이 마리아의 방으로 몰려든다. 이때 마리아가 알려주는 두려움을 없애는 법이란 바로 자기가 좋아하는 것들을 떠올리는 것이다. 물론 노래에 맞춰서 말이다. 이루 형언할 수 없는 달콤한 표현들이 하나 가득 담겨 있는 이노래는 다양한 편곡을 통해 영화 전반에 뿌려진다. 하나의 스코어로도 손색이 없을 만큼 작품에 녹아드는 이 곡은 이후 수많은 아티스트의 손을 거쳐 다양한 장르로 편곡되었다.

그 중 존 콜트레인(John Coltrane)의 색소폰으로 연주되는 〈My Favorite Things〉는 원곡의 흥분과 동화 같은 표현력을 가장 잘 나타낸 듯 느껴지며, 우리 영화 「와니와 준하」(2001)에서는 피아노의 맑은 선율로 편곡되어 순정 영화를 표방하는 작품의 이미지에 잘 어울렸다.

그럼 마지막으로 〈Edelweiss〉를 떠올려보자. 화목하고 건강한 가족 뮤지컬 영화 속에서 유독 비장미 넘치는 이 곡은 대령이 마리아의 권유에 못 이겨 노래를 부른다는 낭만적인 해석도 가능하지만, 주제 면에서 영화의 후반부에 등장하여 조국에 대한 굳은 신념과 충성을 대변한다.

마치 우리의 〈아침이슬〉처럼 경이롭고, 소수의 혼을 불태우는 숭고한 자세가 담겨있다. 비록 곳곳에 배치된 독일군의 감시 속이지만, 짤츠부르크 민요대회의 객석을 가득 메운 관객들과 트랩 대령이 함께 부르는 이 노래는 후반부 자유를 향한 탈출을 암시해주며, 가족이 왜 하나가 돼야 하는지를 정치적 신념에 빗대어 재해석하는 탁월한 명곡이다.

사실 「사운드 오브 뮤직」의 음악이 왜 훌륭한지에 대해 특별히 어떤 이유를 붙일 필요는 없다. 물론 음악감독의 역할도 있지만, 다른 영화에 비해 음악이 작품 속에 완전히 녹아 스며들기 때문이다. 사랑스러운 그들이 부르는 행복한 노래야말로 '영화음악'이 추구해야 할 궁극을 설명하고 있는지도 모른다. 음악을 시작하며 배우는 〈Do Re Mi〉, 내가 세상에서 가장 좋아하는 것은 바로 음악이라며 외치는 〈My Favorite Things〉, 그리고 음악에 대한 사랑만큼이나 변하지 않을 굳은 신념으로 부르는 〈Edelweiss〉까지, 「사운드 오브 뮤직」에는 음악과 세상의 모든 소리가 담겨 있다.

천국보다 아름다운 추억과 우정 – 「시네마 천국」

앞서 살펴본 「사운드 오브 뮤직」이 음악에 대한 모든 것을 이야기하고 있다면 「시네마 천국 Cinema Paradiso」(1988)은 영화에 대한 모든 것을 말하는 작품이다. 30대 초반의 어린 나이로 작품을 이해하는 통찰력과 감미로운 영상미를 선보인 주세페 토르나토레(Giuseppe Tornatore) 감독과 더 이상의 설명이 필요 없는 영화음악의 거장 엔니오 모리꼬네가 일구어낸 이 아름다운 이야기는 걸작이란 칭송을 받아 마땅하며, 시간이 흘러도 지속적인 사랑을 받는 작품으로 남을 것이다. 그 가슴 저미는 이야기 속으로 들어가 보자.

영화는 토토라는 인물의 성장과정을 통해 영화와 사랑, 우정과 추억을 그린다. 그것은 비록 토토가 아닐지라도 모든 사람들이 느끼는 공통된 감정이자, 일반적인 경험으로서 굳이 영화적 기법이나 과장된 설정을 필요로하지 않는다.

그런 토토의 일생에 커다란 버팀목이 되는 영사기사 알프레도(필립 느와레 Philippe Noiret)는 그 모든 감정의 촉매제 역할을 한다. 영화를 좋아하기만 했지 관찰할 줄은 몰랐던 어린 토토(살바토르 카스치오 Salvatore Cascio)에게 영사기사의 나른함과 자신의 과거를 후회하는 이야기를 들려주고, 청년이 된 토토(마르코 레오나르디 Marco Leonardi)에게는 엘레나(아그네스 나노 Agnese Nano)와의 사랑에 대한 진솔하고 담백한 충고를 들려준다. 비록 마주하지는 못했지만, 30년 만에 자신의 곁을 찾아온 노년의 토토(자크 페렝 Jacques Perrin)에게는 과거에 대한 추억과 토토가 미처 깨닫지 못한 소중한 선물을 남긴다.

과연 토토의 일생에 알프레도가 남긴 그 모든 것들의 흔적은 어떤 모습으로 추억되고 있을까? 살아오면서 우리가 잊고 지냈던 것은 과연 무엇일까?

어린 시절 토토의 영화에 대한 사랑은 전쟁터에 나간 아버지의 빈 자리를 두려워하는 어머니에게 많은 걱정거리를 심어준다. 호되게 매 맞기도 했으며, 알프레도와 어울리지 말라는 꾸중도 듣는다. 하지만 번번이 알프레도는 어머니를 설득하고 이해시키며 토토가 계속 영화를 좋아할 수 있도록 도와준다.

결국 알프레도는 토토에게 영사기술을 가르치게 되는데, 이는 훗날 토토의 인생을 바꾸어놓는다. 그것은 알프레도의 사망 소식을 접한 뒤 고향으로 돌아오는 토토가 로마의 유명한 영화감독이 된 사실로 알 수 있다. 토토에게 있어 영화는 삶의 일부이자 꿈의 원천이었으며, 영화감독이 된 것도 알프레도에게 오랫동안 빚진 미안함의 성과였기 때문이다.

뜻하지 않은 화재로 폐쇄하였다가 다시 문을 열게 된 극장에서 토토는 본격적인 청년기를 맞이하며 두 눈을 잃은 알프레도를 대신해 영사기사로서의 꿈을 펼친다. 그리고 그와 동시에 피어난 또 하나의 꿈은 바로 엘레나와의 사랑이다. 사랑은 그를 고민에 빠지게 하고 열정적인 인물로 변화시킨다.

그즈음 알프레도가 들려준 공주를 사랑한 병사 이야기는 훗날 토토의 삶을 끝자락에서 지켜보았을 때 깨닫게 되는 교

훈으로 남는다. 이러한 알프레도의 세심한 보살핌으로 토토
는 보다 강하고 훌륭한 사람이 될 수 있었다.

알프레도의 자상한 마음은 키스 장면만을 모은 필름에서
가장 빛이 나며, 마치 토토에게 '과거'에 연연하지 말고 '미래'
로 발걸음을 재촉하라고 격려하는 듯하다. 바로 이때 시종일
관 영화를 수놓던 〈Love Theme〉는 비로소 영상과 완벽한 하
모니를 이루며 영화사에 영원히 남을 명장면으로 승화된다.

엔니오 모리꼬네는 〈Love Theme〉와 더불어 〈ToTo And
Alfredo〉, 〈Cinema Paradiso〉를 메인 테마로 연주하면서 완벽
에 모자란 영상의 허전함을 채워 준다. 도저히 글로는 표현
이 안 될, 누구나 한 번쯤 들어봤고, 어느 장면이라 특별히
떠올리지 않아도 「시네마 천국」이라 하면 자연스럽게 입가에
서 맴도는 그 멜로디……. 가장 이상적인 스코어의 탄생이 이
루어지는 순간인 것이다.

그것은 토토가 엘레나의 마음을 얻는 장면에서 등장하고,
잠시지만 그리움에 허덕이는 처량한 분위기에서도 등장한다.
토토와 알프레도의 나른한 오후 산책에서도 들을 수 있고,
비가 내리는 어느 시골 해안가에서도 들을 수 있다. 꼬집어
한 장면 선사할 수도 있겠지만, 그 모든 것들은 영화와 뒤섞
여 완벽한 모습으로 우리 앞에 서 있게 된다. 따라서 「시네마
천국」의 사운드트랙은 분해가 안 되는 하나의 모습으로 다가

온다.

극장이 불타던 순간에 흐르던 〈Cinema On Fire〉나 토토의 불안한 심리를 대변하는 〈Runaway, Search And Return〉 등에서 느껴지는 흥분과 〈From American Sex Appeal To The First Fellini〉의 경쾌함이나 〈Childhood And Manhood〉의 감미로움은 3시간에 육박하는 감독 컷에서 비로소 제 모습을 완전히 되찾아 조화롭게 어우러진다. 피아노를 중심으로 현악의 웅장함과 섬세함은 고혹적으로 들려오고, 플루트의 맑고 청아한 음색은 영화에 대한 정열적인 사랑을, 바이올린의 경쾌한 연주는 미래에 대한 설렘으로 두근거리는 마음을 밀착하여 표현한다.

엔니오 모리꼬네는 사운드트랙을 통해 일정한 멜로디 라인을 패턴으로 서정성과 온화한 이미지를 표현하는 데 주력한다. 이는 그가 선보이는 일련의 사운드트랙을 통해서도 뚜렷하게 드러나는데, 그 가운데 「시네마 천국」에서는 작품의 서사성과 놀라운 일치감을 경험할 수 있게 한다.

예를 들어 같은 〈Love Theme〉라 할지라도 들리는 장면의 긴장감과 분위기에 따라 편곡되는 구성이 달라지는데, 이런 효과는 영상을 가릴 만큼 부각되지도 않으면서 영상에 묻힐 만큼 미약하지도 않는 균형감을 이룬다. 이는 그가 음악을 맡은 「러브 어페어 Love Affair」(1994)에서도 경험할 수 있는데, 그 특유의 멜로디는 영화 전체에서 각기 다른 색의 꽃으로 피어나며 절정에 이른다. 특히 테리(아네트 베닝 Annette Bening)가 마이크(워렌 비티 Warren Beatty)의 고모가 연주하는 피아노 소리에 맞춰 허밍으로 부르던 장면과, 교통사고로 엇갈린 두 사람이 크리스마스를 계기로 재회하던 장면에서 들리던 음악의 다채로움이 바로 그것이다. 반복의 미덕과 편곡의 다양함에 기반을 둔 그만의 스타일은 일찍이 「시네마 천국」을 통해 확립된 것이다.

그럼 이제 마지막으로 꼭 말하고 싶었던 장면에 대해 얘기하고자 한다. 「시네마 천국」의 영화음악만큼 중요하기도 하며, 토토의 일생에 있어서 가장 중요한 사건이다. 그것은 30년 뒤 만난 엘레나가 토토에게, "만일 그때 우리가 결혼했다면 너는 이렇게 훌륭한 작품을 만들지 못 했을거야."라고 말하는 내용이다.

알프레도는 거짓말로 엘레나와 토토를 헤어지게 했지만, 결국 이를 계기로-비록 그들의 사랑이 '과거'로 치부되는 현실에 안타까움과 아쉬움이 남지만-토토는 그가 어린 시절부터 가졌던 '꿈'의 원천을 실현하게 된다. 토토에게만큼은 못 배우고 무모했던 자신의 전철을 밟게 하고 싶지 않았던 알프레도의 마음과 일찍이 토토의 꿈을 발견하고 높은 가치로 승화시켜준 그의 숭고한 노력이 영화의 후반부에 얽혀있던 실타래가 풀리듯 거침없이 드러나게 되는 것이다.

여기에서 특히 알프레도가 모아두었던 키스 장면의 필름이 시사하는 바가 크다. 당시 종교적인 압력으로 인해 삭제되어야 했던 키스신은 영화를 유일한 여가로 여겼던 주민들에게 일종의 환상이자 꿈과도 같았다. 일례로 영화가 상영되는 도중 키스신이 편집되자 한 관객은 "지난 20년간 영화에서 키스 장면을 한 번도 못 봤다!"라며 탄식을 늘어놓는다. 이처럼 수많은 사람들이 갈구하던 꿈을 상징하는 키스 장면을 모두 편집해 토토에게 선물한 알프레도의 행동은, 죽음을 맞이하면서도 토토에게 '꿈'을 주고 싶었던 간절한 바람으로 해석된다.

알프레도는 비록 두 눈을 잃었지만 죽음의 문턱에서 자신을 구해준 토토에 대해 보답을 하고 싶었다. 영화를 좋아했고 따뜻한 마음씨를 지닌 토토에게 전하는 그의 마음이 바로 이 키스 장면에 담겨 있다. 그리고 그 순간 화면을 수놓은 연인들의 키스와 함께 들려오는 〈Love Theme〉는 보는 이를 눈물짓게 만든다.

암울한 미래사회에 울리는 정교한 사운드 – 「블레이드 러너」

일찍이 우리는 미래사회를 배경으로 하는 영화를 통해 '존재'라는 개념에 대해 심심치 않게 접해볼 수 있었다.

「매트릭스 Matrix」 시리즈는 현실과 가상세계의 경계를 소재로 상상 이상의 볼거리를 선사하였고, 오시이 마모루(Oshii Mamoru)의 「이노센스 Innocence : Ghost In The Shell」(2004)와 「공각기동대 Ghost In The Shell」(1995)는 인간과 인간이 아닌 존재의 정체성에 대한 심오한 물음을 다양한 사상론을 근거로 펼쳐냈다. 다소 논점에서 벗어난 작품이지만 1997년작 「퍼펙트 블루 The Perfect Blue」 또한 다중인격이란 신선한 소재를 깊이 있게 해석한 영화로 기억된다.

이처럼 미래 사회를 다루는 영화에서는 어김없이 인간을 대신하는 존재가 등장한다. 아직은 상상 속에서만 가능한 이야기지만, 멀지 않은 미래의 어느 순간 일어날 것으로 예견되는 이 파행의 시나리오의 선두에는 '저주받은 걸작'이라 일컬어지는 「블레이드 러너 Blade Runner」(1982)가 있다. 끊임없이 거론되던 '정체성(Identity)'에 대한 질문을 가장 먼저 화제로 이끈 이 영화는 지금으로부터 4반세기 전의 작품이다.

「블레이드 러너」는 스티븐 스필버그(Steven Spielberg)의 정서가 과도하게 표현된 피노키오 동화의 인조인간 버전 「A.I. Artificial Intelligence」(2001)나 윌 스미스(Will Smith)가 주연한 다소 경쾌한 SF 작품 「아이, 로봇 I, Robot」(2004)과는 현저히 다른 이야기를 들려주고 있다. 개봉 당시 같은 해 개봉한 스필버그 감독의 「이티 E.T.」의 흥행에 밀려 냉대받은 것을 시작으로 제작사 측의 상업적 압력으로 인해 가위질을 당하기도 했다. 이 안타까운 걸작에는 크게 두 가지 시선이 느껴진다.

먼저 느껴지는 시선은 감독 리들리 스콧(Ridley Scott)이 표현해낸 미래의 어두운 이면과, 많은 궁금증과 가능성을 내포한 엔딩 장면이다.

2019년의 미래사회. 대기업 티렐사는 인간의 힘과 지식을 겸비한 최고 성능의 리플리컨트(인조인간)를 만들게 되는데 그들은 외견상 인간과 구별이 불가능하여 문제 발생의 원인이 된다. 리플리컨트 본인조차 자신이 리플리컨트인지를 알지 못하는 가운데, 몇몇 리플리컨트가 저지른 인간을 대상으로 한 범죄로 인해 지구에서 리플리컨트가 거주하는 것은 불법이 된다. 그러나 그들은 지구에서의 삶을 꿈꾸며 끊임없이 경찰들과 마찰하게 되는데, 그들을 색출해 폐기하는 임무를 지닌 블레이드 러너는 인간과 리플리컨트를 구별하는 데 재능이 있는 전문 요원이다.

그 와중에 4명의 리플리컨트가 탈출한 사건이 발생하고, 전직 경찰 데커드(해리슨 포드 Harrison Ford)는 그들을 찾아내기 위해 다시 임무를 맡게 된다. 인간의 평화를 위해 인간이 만들어낸 또 하나의 인간을 쫓는 데커드의 행보에는 결코 흘려보낼 수 없는 메시지가 담겨 있다.

리들리 스콧 감독은 단 한 순간도 미래 사회의 이미지를 표현하는 데 있어 밝고 경쾌한 감정을 허락하지 않는다. 이것은 영화를 봐도 알 수 있는데, 낮과 밤이 구분되지 않을 만큼 내내 어둡고 음침한 분위기가 지속되는가 하면 끊임없이 하늘에서는 비가 내리고 있다. 살 곳으로서의 매력을 잃은 미래 도시 속에서, 공존에 실패한 리플리컨트와 인간은 치열하게 대립한다.

LA로 규정짓고는 있지만, 동경의 거리와 구분이 안 갈 만큼 자주 등장하는 일본의 문화는 일본에 대한 미국의 경계심을 은유적으로 드러내고 있다. 이제는 흔한 설정으로 남용되는, 대기업의 자본과 기술력 투자로 인해 인조인간의 시대가 도래된다는 내용은, 훗날 국가 및 문명을 이끄는 것이 어떤 전통과 과거의 윤리적 사상이 아니라 현재에 존재하는 거대한 지배세력이라는 것을 설명하는 부분으로 해석된다.

시나리오는 탈출한 리플리컨트를 하나씩 제거하는 과정을 그리고 있지만, 그들과 전혀 다르지 않은 또 하나의 리플리컨트 레이첼(숀 영 Sean Young)을 통해 또 다른 가능성을 끝까지 지니려 한다. 이는 탈출한 리플리컨트를 모두 폐기하는 데 성공한 데커드가 레이첼과 탈출하는 마지막 장면에서 확연히 드러난다.

이미 그 둘의 애틋한 키스를 통해 어느 정도 예상이 가능

했던 장면임에도 불구하고, 이 엔딩은 지금까지도 많은 궁금증을 일으키고 다양한 가능성을 꿈꾸게 한다. 관객은 이 장면에서 인간과 리플리컨트와의 사랑이란 단적인 암시를 바탕으로, 훗날 인간 사회 속에서 리플리컨트의 존재가 남아 있는 것을 기대해볼 수 있다. 또한 데커드라는 다소 복잡한 심리를 가진 인간의 내면세계를 엿볼 수 있으며, 조작된 기억을 지닌 리플리컨트의 미래에 대한 희망을 점쳐볼 수도 있다.

두 번째 시선으로는 영화음악을 맡은 반젤리스(Vangelis)의 시선이다. '저주받은 걸작'이라는 호칭에 또 하나의 근거를 제시하는 그의 전자음악은 미래사회의 디스토피아(Distopia)를 가장 잘 표현해내고 있으며, 요동치는 데커드와 레이첼, 그리고 다른 리플리컨트의 심리를 가까이서 채색해내는 탁월함을 보여주고 있다.

그리스 태생으로 4살 때 작곡을 시작하고 6살 때 천재 피아니스트로 일컬어졌던 그는 1960년대 후반 그리스의 불안한 정치적 상황을 피해 프랑스 파리로 이주하면서 전자악기를 통한 사운드에 많은 관심을 가진다. 이때 그는 이집트 태생인 데미스 루소스와 루카스 시데라스와 함께 유명한 그룹 '아프로디테스 차일드(Aphrodite's Child)'를 결성하고 본격적인 대중음악 활동을 펼친다.

이후 1973년 그룹의 해체와 함께 내놓은 프랑스 영화음악 「동물의 묵시록」을 시작으로 그는 영화음악가로서 본격적인 활동을 시작한다. 아카데미 작곡상을 수상한 「불의 전차 Chariots Of Fire」(1981)를 비롯해 「실종 Missing」(1982), 「비터 문 Bitter Moon」(1992), 「1492 콜럼버스 1492 : Conquest Of Paradise」(1992)까지, 비록 다작은 아니지만 그의 음악은 선 굵은 작품에서 진가를 발휘하며 많은 이들의 기억 속에 그의 이름과 음악을 각인시켰다.

그런 가운데 「블레이드 러너」는 영화음악가로서의 반젤리스의 위상을 높여준 영화로, 현악 위주의 영화음악이 지배하던 기존의 시스템에서 전자음악이란 새로운 시스템의 가능성을 증명이라도 하듯 대중적으로도 많은 사랑을 받은 작품으로 남게 된다. 이는 단순히 미래사회를 배경으로 한 영화이기 때문에 전자음악의 사용이 효과적이었다는 의미는 결코 아니다. 반젤리스의 음악은 현악이 표현하는 섬세함과 웅장함에 결코 뒤지지 않는 감성을 담고 있으며, 무엇보다도 미래사회의 묵시록적인 이미지에 적합한 톤과 사운드를 구사했다.

신디사이저의 몽롱하고 둔탁한 이미지는 탁한 채도를 그리는 필름에 더없이 어울렸으며, 가끔씩 들려오는 아주 오래된 LP 소리는 과거의 향수와 그리움을 대변이라도 하듯 묘한 감상으로 이끈다. 일련의 패턴이 반복되면서 깊은 잔상을 남기거나 영상보다 앞서 나아가 과장된 사운드를 들려주지도 않지만, 반젤리스 1인의 독창적인 영향력이 암묵적으로 거듭나는 사운드의 일관성은 어느새 작품에 고스란히 스며들어 더욱 운치 있는 미래를 그려내고 있다.

가장 기억에 남는 곡으로 더 이상 설명이 필요 없는 〈Blade Runner(End Titles)〉는 영화의 끝을 알림과 동시에 새로운 시작을 예견이라도 하듯 당차고 거친 포부가 느껴진다. 고동치는 심장의 요동과 닮은 신디사이저의 거룩한 포문으로 시작되는 이 곡은, 불투명한 내일을 상징하는 듯 생동감이 느껴진다. 변화하는 미래 사회의 단편을 고스란히 재현해내는 그야말로 걸작으로서, 이제는 SF 영화음악의 대명사로 일컬어질 만큼 많은 곳에서 등장하고 있다.

슬픈 영혼의 소유자 레이첼의 테마로 훌륭하게 사용되는 〈Lachel's Song〉은 마치 자신의 처량한 운명을 위로하는 듯 애절한 목소리의 허밍이 인상적이다. 조작된 기억을 갖고 있으면서도 한 장의 사진을 손에 쥔 채 굳게 자신이 인간임을 믿는 레이첼. 어쩌면 다른 리플리컨트의 내면을 레이첼을 통해 들여다보는 듯 〈Lachel's Song〉은 그들의 울음과도 닮아 있다. 색소폰의 늘어지는 선율로 이루어질 수 없는 사랑을 그리는 〈Love Theme〉는 어느새 예견된 죽음을 맞이한 리플리컨트의 처절한 시체 위로 떠도는 〈One More Kiss, Dear〉로 이어진다. 광고의 배경음악을 비롯하여 다양한 곳에서 들을 수 있는 이 오래된 곡은 차디찬 영혼의 가슴 위를 시작으로 데커드의 눈빛을 통해 길 건너 레이첼로 향한다. 느린 곡조에 한껏 기대고는 있지만, 통탄해하거나 울먹거리지 않는 절제된 슬픔이 느껴진다. 황폐하고 거친 도시의 거리를 수놓는 곡의 사이로 여전히 싸이렌 소리가 들리고, 굵은 빗줄기 속에서 어딘가를 향해 끊임없이 걸어가는 사람들의 발길이 부딪힌다.

리플리컨트의 슬픈 운명을 상징하듯 처연하게 울려 퍼지는 〈Blade Runner Blues〉는 기억에 남아 있기도 힘들 만큼 미세한 떨림이 느껴지고, 레이첼이 자신이 인간임을 확인받기 위해 데커드에게 사진을 들고 찾아오는 장면에서 들을 수 있는 〈Memories Of Green〉에는 푸르른 추억과 어린 시절의 향수가 녹아 있다. 청초한 피아노 소리와 어우러지는 기계소음의 이미지는 리들리 스콧의 다른 영화「위험한 연인 Someone To Watch Over Me」(1987)에서 다시 한 번 재현된다.

탈출한 리플리컨트의 마지막 생존자 로이가 데커드를 살린 후 "Time To Die."를 힘없이 말하며 죽어가던 명장면에 흐르던 곡 〈Tears In Rain〉은 영화 속 음성이 담겨져 그 리얼리티에 더욱 충실한 트랙으로 남는다. 어느 것이 빗물이고 어느 것이 눈물인지도 구분이 안 갈 만큼 정지된 영상에서 슬품의 상징은 볼을 타고 흐른다. 인간과 리플리컨트 간의 관계 그리고 '정체성(Identity)'에 대한 해답을 유보한 채, 신디사이저의 처량한 연주는 무미건조한 끝을 맺고, 그래서 오히려 더욱 긴 여운을 남긴다.

이후 미래 사회를 배경으로 하는 작품들의 모델이 되기도 했던 「블레이드 러너」는 비록 '저주받은 걸작'이란 안타까운 과거를 가졌음에도 불구하고 지금까지도 많은 팬을 거느리고 있다. 그 배경에는 뛰어난 영화를 더욱 빛나게 한 영화음악이 있었다.

「아멜리에」와 「러브 액츄얼리」

행복해지는 주문을 알려드릴께요

우유팩에 몇 방울 남지 않은 우유 끝까지 소리 내어 마시기, 아무도 없는 버스 맨 뒷자리에서 창문 끝까지 열어 놓고 바람 쐬기, 눈 내린 운동장에 구석구석 발자국 찍기, 목욕탕에서 돌아오는 길에 바나나 우유 마시기, 빗소리 벗 삼아 늘어지게 낮잠 자기……

세상을 살아가는 우리의 기억 속에 뭐라고 꼬집을 수 없지만 생각하면 마냥 미소가 퍼지는 그 모든 것들을 우리는 '행복'이라 말한다. 나쁜 기억은 본능적으로 잊게 되는 것을 짐작한다면, '행복'이란 떠올리려고 노력하지 않아도 이미 우리 곁에 가까이 다가선 익숙한 친구이다.

이미 몇 편의 작품을 통해 독특한 영상미와 고유의 연출관을 선보인 감독 장 피에르 주네(Jean Pierre Jeunet)가 선보이는 네 번째 작품 「아멜리에 Amelie From Montmartre」(2001)는 바로 이런 행복의 의미가 담겨진 퍼즐들을 조각조각 모아 하나의 완성품을 이루는 작품이다.

「델리카트슨 사람들 Delicatessen」(1991), 「에이리언 4 Alien: Resurrection」(1997) 등을 만든 장 피에르 주네 감독은 21세기의 초입, 영화음악의 귀재 얀 티에르상(Yann Tiersen)과의 협연을 통해 「아멜리에」를 탄생시킨다.

이 영화는 한없이 맑지만 결코 투명하지만은 않은 행복에 대한 또 다른 담론을 펼치고 있다. 결코 장 피에르 주네 감독의 작품이라고 상상할 수 없을 정도로 어느 한 장면조차 잊을 수 없는 파스텔 톤의 화사한 영상과, 빠른 템포로 연주되는 악기들의 오밀조밀한 구성이 돋보이는 명작이다.

이 알 수 없는 영화는 행복한 이야기를 들려주면서도 묘하게도 외로운 사람들이 자주 등장하기도 하며, 밝을 것만 같은 초록색 풍경의 사운드트랙에는 의아하게도 슬프고 구성진 연주가 들린다. 그 한복판에는 몽마르뜨 언덕의 아멜리에 (오드리 토투 Audrey Tautou)가 있다. 사랑하지 않을 수 없는 이

아리따운 아가씨에게는 뜻밖의 어린 시절이 존재한다.

불의의 사고로 어머니를 일찍 여의고 아버지와 조촐히 살아가는 아멜리에. 어렸을 적 아버지를 보고 콩딱콩딱 뛰던 심장 소리를 아버지는 잘못 이해하고서 딸이 심장병에 걸렸다며 학교를 보내지 않는다. 그로 인해 어린 시절을 홀로 보내야 했던 아멜리에는 손가락 장난을 시작으로 이런저런 장난을 늘어놓지만, 그녀의 행동엔 어느새 슬픔이 깃든다. 〈Sur Le Fil〉이 흐르는 내내 연속 사진을 보는 것처럼 재생되는 이 추억의 아련한 향수는 그녀의 깊고 따뜻한 내면을 지켜주는 약속과도 같은 것이며, 종종 영화의 주된 테마로 울려 퍼지는 이 곡의 멜로디 라인은 안식처를 찾지 못해 외롭게 방황하는 안타까운 영혼들을 위로한다.

평범한 나날을 보내던 그녀를 행복의 전도사로 만드는 사건이 발생한다. 영국 여왕 엘리자베스가 사고로 죽는 그 날, 우연히 욕실에서 보물 상자를 발견하는 것이다. 그 속에는 작은 자동차, 보드 게임에 쓰이는 말들, 유리구슬과 갖가지 추억어린 소품들이 담겨 있는데, 그녀는 번개라도 맞은 듯 그 주인을 찾아줘야겠다고 다짐한다.

며칠 간의 노력 끝에 보물 상자를 주인에게 전해주자, 존재조차도 잊고 지내던 상자를 발견한 노인의 표정에는 단순한 행복 이상의 감동이 떠오른다. 경직된 분위기의 아코디언

전주가 추억에 젖은 과거를 연상시키는 곡 〈La Dispute〉는 아련한 흑백 톤의 회상 장면과 어우러져 깊은 인상을 심어준다. 피아노가 왈츠풍의 박자로 아코디언이 남긴 추억을 되새기는 동안 노인은 천사가 있음을 확신하고는 서둘러 가족의 품으로 향한다. 잔잔하지만 그 무엇보다 강력한 에피소드에는 노인이 되찾는 행복과 그 행복을 만든 그녀의 진심어린 행동이 담겨있다. 이 사건은 앞으로 주변 사람들에게 행복을 찾아주겠다는 아멜리에의 다짐으로 이어진다.

앞을 보지 못하는 장님 노인의 팔짱을 끼고는 늘 노인이 머무는 지하철역까지 숨 가쁘게 질주하는 그녀는 노인의 귓가에 입술을 대고는 거리의 풍경을 하나 둘 자세히 묘사한다. 금관 악단의 드러머 미망인을 시작으로, 한쪽 귀를 잃은 말, 웃고 있는 꽃장수의 남편과 막대사탕이 진열된 상점의 윈도우를 설명한다. 뼈가 있는 햄은 79프랑이라며 정육점 앞을 지나고, 피코돈이 12.90프랑이라며 치즈 상점 앞에 있음을 알려준다. 개를 바라보는 아기와, 그 개가 바라보는 통닭까지 묘사가 이어지며 보는 것만으로도 흥분에 빠지게 되는 이 장면엔 〈La Noyee〉가 흐른다.

타자기 소리와 아코디언의 리듬이 하나가 되면서 신명나게 울려 퍼지는 빠른 템포의 이 곡에는 쉬지 않고 설명하는 아멜리에의 입술과 듣는 것만으로도 세상을 모두 보는 듯 행복해하는 노인의 표정이 묻어난다. 빠른 편집이 동화풍의 영상과 맞물려 한 순간에 절정을 이루는 장면이 아닐 수 없다.

보물 상자의 주인과 장님 노인 이후 급속도로 진행되는 아멜리에의 행복 만들기는 그녀를 둘러싼 이웃들에게 초점이 맞춰진다. 남편에게 버림받았다고 생각하는 아주머니를 위해 남편으로부터의 편지를 조작해서 건네주고, 크리스탈 맨이라고 불리는 외로운 화가에게는 따뜻한 배려와 정감 넘치는 말들로 삶의 활력을 불어넣는다. 착하지만 손이 불편한 야채가게 점원을 괴롭히는 주인을 괴팍스러운 장난으로 혼내주기도 하며, 오랜 기간 홀로 외로운 시간을 보내는 아버지에게는 그가 소중히 다루는 난쟁이 인형을 여행시키며 미래에 대한 활기찬 포부를 갖게 만든다.

이런 일련의 행복은 전혀 다른 두 사람을 새로운 짝으로 맺어주는 장면에서 찬란함을 더한다. 자신이 일하는 카페에서 담배를 파는 조제뜨와 괴팍한 취미를 가진 죠셉을 이어주자 고풍스러운 곡 〈Guilty〉는 이 둘의 만남을 오랜 인연의 결실인 것처럼 복고풍의 연주로 축복한다.

다른 사람들의 행복을 찾아주고는 있지만, 정작 자신의 행복은 쉽게 찾지 못하던 아멜리에는 우연히 역에서 만난 니노(마티유 카소비츠)를 보고 첫눈에 반한다. 그러나 표현할 길이 막막한 그녀는 지금까지 그녀가 발휘해온 다양한 아이디어를 총집합시켜 새로운 고백을 시도한다.

〈La Valse D'amlie〉가 흐르며 내내 생생하게 진행되는 니노와의 만남은 수수께끼투성이의 숨은 그림 찾기를 방불케 하다가 카페의 투명유리 때문에 이내 속내를 들키게 된다. 분명 고백의 메시지가 있었음에도 쉽게 마음을 열지 못하는 것은 너무 오랜 시간을 홀로 지낸 기억 때문이었을까? 당당한 행진곡의 리듬이 느껴지는 곡의 분위기와는 달리 내내 애끓는 그녀의 마음은 〈Comptine D'un Autre Ét : L'après Midi〉로 연장된다. 자신의 마음을 몰라주는 니노와 제대로 된 표현 한 번 못 해본 스스로가 못마땅해 자괴감에 빠진 아멜리에는 집에서 쓸쓸히 홀로 시간을 보낸다. 그녀의 곁에서 긴 여운을 남기는 피아노 건반의 울림은 슬프지만 빠른 곡조로 이내 그녀의 기분 좋은 상상과 맞물린다. 상상은 어느새 현실이 되고 니노와 문 하나를 사이에 두고 묘한 긴장감에 빠지게 된 순간, 어느새 곡은 신비로운 마술이 되어 사랑을 이루어준다.

영화에는 마르지 않는 행복한 강물이 흐른다. 물수제비를 위해 둥글고 납작한 돌을 모으는 일상의 취미처럼 평범하지만 독특한 물결이 느껴진다. 영화의 시작을 알리는 장면이자, 아멜리에의 아버지와 어머니가 각각 좋아하는 것과 싫어하는 것을 재치 있게 늘어놓는 장면에서 들리는 〈J'y Suis

Jamais All〉는 영화의 메인 테마로서 반복 사용되는 미사여구처럼 황홀한 공간을 떠다닌다.

행복하게 오토바이를 타고 어디론가 떠나는 니노와 아멜리에의 귀여운 마지막 장면에서도 들을 수 있는 이 곡은 작게 들리던 전주의 긴박함이 서서히 그 소리와 함께 증폭된다. 마치 어린 시절 음악시간에 들었던 것 같은 재치 넘치는 악기들이 단순하면서도 복잡하게 어우러지는 절묘한 연주는 음악을 맡은 얀 티에르상의 마법이다.

니노와의 관계에서 중요한 역할을 한 찢어진 즉석 사진을 다시 한 번 활용한 엔딩 크레딧에서는 〈Les Jours Tristes〉가 흘러나온다. 무곡처럼 흥겨운 이 곡은 아코디언이 리드하는 멜로디를 축으로 다양한 악기들이 얽혀있다. 이 외에도 사운드트랙에는 영화에서 보여주던 행복한 냄새가 짙게 배어 있다.

〈L'autre Valse D'amlie〉는 하늘에 떠다니는 뭉게구름을 손으로 잡는 듯 몽환적인 사운드가 매력적이고, 〈A Quai〉는 시원한 교외를 가로지르는 바람처럼 재빠르고 탄력이 느껴진다. 역시 아코디언의 리드로 연주되는 〈Pas Si Simple〉은 짧은 구성이지만 후렴구의 반복되는 멜로디와 마지막의 긴 여운이 다양한 생각을 떠올리게 하고, 모빌에서 들려오는 것처럼 꿈결 같은 연주를 들려주는 〈La Valse D'amlie(Orchestra Version)〉는 중고시장에서 구입한 골동품처럼 오래된 질감을 느끼게 한다. 밝은 이미지의 〈La Valse Des Vieux Os〉는 생동감 넘치는 아멜리에의 행동에 깃든 곡으로 영화의 요소요소에서 짤막하게 들을 수 있으며, 〈Si Tu N'tais Pas L〉는 LP의 오래된 잡음이 풍부하게 되살아나는 곡이다. 〈Le Banquet〉는 단조의 화음을 들려주지만 여느 춤곡 부럽지 않은 흥겨움이 묻어나고, 그와는 반대로 〈La Valse D'amlie(Piano Version)〉에서는 처연한 피아노의 외로운 독백이 들린다.

사운드트랙에는 종종 재미난 도입부가 인상적인데 〈La Redcouverte〉에서는 박수 소리가 전주리듬을 이끌고 이어 만돌린 연주가 흥겹게 흐른다. 이런 재치 넘치는 효과는 비단 박수로 그치지 않고, 타자기를 치는 소리로도 그 맥을 잇는데, 몇몇 트랙에서 들리는 이런 재미난 구성을 찾아보는 것도 사운드트랙을 듣는 또 하나의 즐거움이 아닐까 싶다.

사랑하나요? 사랑받나요?

도저히 사랑하지 않고는 배길 수 없는 영화이자 보고난 뒤 마주치는 그 누구에게라도 서슴없이 입맞춤을 해주고 싶을 만큼 모든 사람을 사랑으로 이끄는 영화인 「러브 액츄얼리 Love Actually」(2003)에는 신비함이 깃들어 있다. 아홉 가지의 다양한 사랑 이야기가 즐거움을 선사하는 이 영화에는 우리가 이미 경험한 사랑은 물론, 경험하지 못한 사랑과 언제나 소망으로 남겨둘 법한 미지의 사랑까지 한결같은 모습으로 공존한다.

「노팅힐 Nothing Hill」(1999), 「브리짓 존스의 일기 Bridget Jone's Diary」(2001) 등을 통해 로맨틱 코미디의 대가로 자리 잡은 시나리오 작가 리차드 커티스(Richard Curtis)가 감독 데뷔작으로 선택한 「러브 액츄얼리」는 리차드 사단의 역량이 총 집결된 영화이다. 단순한 연인의 이야기를 벗어나서 더욱 다양한 세대와 다채로운 관계의 사랑을 묶는 그들의 고집스런 노력에 더해져 털실로 짠 스웨터와도 같은 따뜻한 음악이 톡톡히 제 구실을 한다. 올드 팝을 시작으로 현재의 아티스트들의 작품에 이르는 다양한 레퍼토리는 보고 듣는 즐거움 이상을 선사한다.

「로미오와 줄리엣 Romeo + Juliet」(1996), 「본 콜렉터 The Bone Collector」(1999) 등을 통해 스피디한 연주를 들려줬던 크레이그 암스트롱(Craig Armstrong)은 전혀 새롭고 독특한 장르의 음악을 바로 여기 「러브 액츄얼리」에서 들려준다. 일렉트로니카 아티스트로서 영화음악 작업 또한 병행하는 그는 웅장한 오케스트라의 선율과 서정적인 피아노 연주로 영화를 돋보이게 하고 있다. 비록 두 곡뿐이란 아쉬움이 남긴 하지만, 사운드트랙의 마지막에 나란히 수록된 스코어

〈Glasgow Love Theme〉와 〈PM's Love Theme〉는 오래도록 기억에 남는 명연주가 될 것이다. 그렇다면 이제 본격적으로 태동하는 아홉 가지 사랑 이야기에 귀를 기울여보자.

첫 번째 이야기에서 새로 임명된 수상(휴 그랜트 Hugh Grant)과 비서 나탈리(마틴 맥커친 Martine McCutcheon)와의 사랑에는 유일하게 질투의 화신이 등장하여 더욱 긴장감을 일으킨다. 나탈리와 야릇한 장면을 연출한 미국 대통령(빌리 밥 손튼 Billy Bob Thornton)에게 화가 난 수상은 강한 어조로 영국의 자부심을 늘어놓는데, 그 속내에 담겨진 나탈리에 대한 굳건한 마음은 이후 그 둘의 행복을 예감하게 한다.

이 이야기의 주제곡은 다름 아닌 〈Jump〉이다. 미국 대통령에게 한 방 먹인 수상의 멋진 모습을 축하하며 라디오에서 흘러나오는 이 노래에 맞춰 실룩실룩 엉덩이춤을 추는 휴 그랜트의 섹시한 모습을 볼 수 있다. 여기서 들리는 〈Jump〉는 포인터 시스터즈(Pointer Sisters)의 원곡이고, 나탈리에게서 받은 크리스마스카드를 읽고 그녀를 찾아 나설 때 들리는 곡은 영국의 5인조 걸 밴드인 걸스 얼라우드(Girls Aloud)가 부른 노래이다.

신분의 격차에서 비롯된 사랑이야기가 첫 번째였다면 두 번째는 나란히 한 침대를 쓰는 부부의 이야기다. 수상의 동생인 캐런(엠마 톤슨 Emma Thompson)은 크리스마스가 다가오면서 점점 불안한 기운을 감지한다. 남편인 해리(알란 릭만 Alan Rickman)에게 다른 여자가 생긴 것이다. 한없이 아름답고 행복해도 모자랄 시간이겠지만, 그만큼 사랑에는 의무와 책임이 따르는 법이다. 그들의 관계는 다소 느린 템포의 어법을 구사하는데, 이런 구도는 해리가 캐런에게 선물한 조니 미첼(Joni Mitchell)의 음악으로 대변된다. 〈Both Sides Now〉는 쓸쓸한 캐런의 감정을 고스란히 드러내고, 그와는 다소 상반되는 곡인 슈가베이브스(Sugababes)의 〈Too Lost In You〉는 크리스마스 파티에서 해리가 그의 애인인 비서와 춤을 출 때 들려온다. 두 곡은 묘한 대조를 이루며 극적 긴장감을 제시한다.

그들 부부에게 애증의 비가 내리던 즈음 세 번째 이야기로 캐런의 친구 다니엘(리암 니슨 Liam Neeson)이 등장한다. 11살 된 아들 샘(토마스 샌스터 Thomas Sangster)의 여자친구로 인한 고민을 해결하기 위해 동분서주하는 아빠 다니엘에게는 귀여운 구석마저 느껴진다. 크리스마스이브의 공연장에서 샘의 사랑 조안나(올리비아 올슨 Olivia Olson)는 너무나도 유명한 〈All I Want For Christmas Is You〉를 흡사 머라이어 캐리(Mariah Carey)를 연상시키는 풍부한 성량으로 직접 부른다. 이 노래는 모든 사랑이 이루어지는 크리스마스이브의 화려함을 더욱 뜻 깊게 장식한다.

네 번째 사랑은 작가인 제이니(콜린 퍼스 Colin Firth)로부터 시작된다. 애인에게 버림받은 제이니는 한적한 곳에 작업실을 꾸미고 글 쓰는 일에 전념한다. 그는 가정부로 맞이한 오렐리아(루시아 모니즈 Lucia Moniz)에게서 새로운 사랑을 느낀다. 국경을 초월하고 언어의 장벽마저 극복한 사랑으로 발전하는 이 둘의 이야기는 잊지 못할 매력적인 대사들로 더욱 빛난다. "당신을 집에 데려다 주는 순간이 가장 행복해요."라고 제이니가 영어로 한 고백과 "당신을 떠나는 건 가장 슬픈 순간이예요."라고 오렐리아가 포르투갈어로 한 고백은 따뜻한 감동을 전한다.

가족의 품으로 돌아왔지만 해야 할 일이 뭔지를 확신하는 제이니가 오렐리아를 향해 떠나는 장면에서 들려오는 오티스 레딩(Otis Redding)의 고전 〈White Christmas〉는 용기 있는 선택을 한 제이니의 실루엣을 시작으로 나탈리의 크리스마스카드를 읽는 수상, 아픈 오빠와 크리스마스를 보내는 사라(로라 리니 Laura Linney)의 모습을 차례로 비춰주는 영화의 백미다.

누구나 행복해야 할 크리스마스지만 가족이 아픈 것은 안타까운 일이다. 다섯 번째 사랑에 등장하는 사라는 요양원에 있는 오빠를 책임져야 한다. 회사에 입사하면서부터 사랑하게 된 동료 칼(로드리고 산토로 Rodrigo Santoro)과의 관계는 그래서 더욱 힘들다. 첫눈에 서로 반했지만 2년이 넘도록 제대로 표현한 적이 없는 이 둘이 파티장에서 자연스럽게 춤을 추는 동안 노라 존스(Norah Jones)의 〈Turn Me On〉이 감미롭게 흘러나온다. 또한 사라의 집에서 사랑을 확인하는 장면에서 흐르는 애바 캐시디(Eva Cassidy)의 〈Songbird〉는 이루어지지 못한 사랑 때문에 더욱 마음을 적신다.

사랑 이야기로 다섯 개의 보따리를 풀었으니 이제는 우정에 관한 이야기도 나올 법 하다. 영화의 오프닝 타이틀을 책임지며 중요한 순간순간에 등장하여 막중한 임무를 완수하는 한물 간 로커 빌리(빌 나이히 Bill Nighy)의 〈Christmas Is All Around〉는 영화의 모든 것을 말하는 곡이다. 익살맞은 에피소드와 뼈 있는 대사들 그리고 무엇보다도 크리스마스이브에 싱글 차트 1위를 차지하는 영광을 통해 자신의 뚱뚱한 매니저와의 우정을 새삼 확인하는 빌리의 모습은 '친구'에 대한 의미를 되새기게 한다.

일곱 번째는 다소 아쉬움이 남는 이야기로 다른 등장인물들보다는 그 비중이 약한 포르노 배우 존(마틴 프리만 Martin Freeman)과 쥬디(조안나 페이지 Joanna Page)의 사랑이다. 포르노 배우를 직업으로 삼는 그 둘은 허물없이(?) 만나 관계를 지속시킨다. 특별한 주제곡 하나 없이 건조한 표정이지만, 무언의 소통이 어느 음악보다도 더 아름답게 들리는 것은 그 둘의 진심어린 눈빛 때문이 아니었을까?

여덟 번째 사랑 이야기 주인공인 콜린(크리스 마샬 Kris Marshall)은 늘 실패로 끝나는 자신의 연애담을 성공시키기 위해 미국을 택하는 용감한 청년이다. 산타나(Santana)의 〈Smooth〉를 배경으로 이 열정적인 청년의 연애담이 펼쳐진다. 노익장을 과시하는 산타나의 화려한 연주는 생동감 있게 미국을 누빈다.

숨 가쁘게 달려와 이제 마지막 사랑 이야기다. 그것은 안타깝게도 이루어질 수 없는 사랑이다. 피터와 쥴리엣(키라 나이틀리 Keira Knightley)의 결혼식에서 친구 마크(앤드류 링컨 Andrew Lincoln)는 쉬지 않고 캠코더를 들고 그 둘의 아름다운 새 출발을 기록하기에 여념이 없다. 비틀즈(Beatles)의 〈All You Need Is Love〉를 린든 데이빗 홀(Lynden David Hall)의 음성으로 들을 수 있는 결혼 축하곡은 보는 것만으로도 사랑에 빠지기 충분하다.

결혼식을 촬영한 비디오테이프로 마크는 쥴리엣에 대한 감정을 들키게 되고, 모든 진실을 전할 수 있는 크리스마스이브 저녁, 차마 말로 할 수 없는 비밀스러운 사랑이 적힌 여러 장의 카드를 눈 앞에서 넘겨가며 가슴 떨리는 고백을 한다. 다이도(Dido)의 〈Here With Me〉는 돌아서는 마크의 발걸음에 하나 둘 채이며 쓸쓸한 감성을 더욱 짙게 만든다.

비치 보이스(The Beach Boys)의 〈God Only Konws〉가 흐르는

한 달 뒤 공항은 꿈결 같았던 크리스마스이브의 풍경을 환희와 축복으로 인도한다. 그리고 엔딩 크레딧과 함께 들리는 켈리 클락슨(Kelly Clarkson)의 〈The Trouble With Love Is〉는 간과해서는 안 될 중요한 메시지를 남긴다. 사랑에는 반드시 고통이 따른다고. 고통 뒤에 이루어진 다양한 사랑 이야기는 감미로운 음악들과 함께 지구를 온통 뒤덮는다.

「봄날은 간다」와 「정글 스토리」

하루만큼 멀어지고 가까워지는 봄날을 위하여

다림(심은하)은 정원(한석규)에게 한 뼘 다가서지만, 무슨 이유인지 정원은 다림에게서 두 뼘 멀어진다. 초원사진관에 걸린 사진 한 장으로 남은 다림의 모습에서 정원의 소박한 소망이 느껴지는 영화 「8월의 크리스마스」(1998)를 감독한 허진호는 사진으로 상징되는 사랑의 모양을 「봄날은 간다」를 통해서는 귀로 들려주고 있다.

2001년 가을에 개봉한 「봄날은 간다」는 전작 「8월의 크리스마스」에 대한 향수를 잊지 못하는 관객들에게 감독의 두 번째 작품이라는 점에서 매우 기다려지고 설레는 작품이 아닐 수 없었다. 특히 조성우라는 걸출한 음악감독이 함께한 이 영화는 허진호식의 사랑에 대한 화법과 조성우의 잔잔한 영화음악이 자연스럽게 어우러진 작품이다.

좋아하는 영화를 반복해서 보는 습관은 때로 등장하는 인물 각각의 관점에서 극을 들여다볼 수 있는 뜻밖의 기회를 선물한다. 서로 다른 관점에서 해석하는 의미의 차이가 다른 맛을 느끼게 해주어 꽤 쏠쏠한 즐거움을 느낄 수 있다. 그런 의미에서 「봄날은 간다」는 한 편의 작품이지만 전혀 다른 두 개의 이야기를 들려준다. 긱각 상우(유지태)의 봄날과 은수(이영애)의 봄날이다.

죽도록 미워하지만 그만큼 사랑하는 은수의 행동에 상우는 쉽게 지친다. 소주 한 잔에 기대보기도 하고, 몰입해 일을 해보기도 하지만 걷잡을 수 없는 감정은 결국 다니던 일을 관두고 은수의 뒤나 미행하는 몹쓸 짓으로 변한다. 다가오는 사랑을 맞이한 것뿐이었는데, 다가온 사랑이 먼저 떠난다고 날갯짓하는 것을 봐야 하는 상우에게 과연 사랑이란 어떤 의미일까?

한편 한 번 이별의 상처를 경험한 은수에게 상우는 결코 잠시 동안의 안락을 위한 도구만은 아니었을 것이다. 그가 자신을 사랑한다는 것을 알지만, 그렇다고 그와의 관계를 지속시키기에는 한번 베인 상처가 너무 깊었다. 그녀의 차디찬 말 한마디는 상우를 잠시 쉬게 할 수 있을 것이라 믿었는데 오히려 시간은 어느새 그녀와 상우의 추억을 새록새록 떠오르게 한다. 은수는 과연 상우를 사랑한 것일까?

영화는 감독의 전작보다 디테일하면서도 움직임이 큰 에피소드를 통해 다른 각도에서의 사랑을 담는다. 한가롭게 콩나물을 다듬던 정원보다는 내리는 비를 바라보며 남진의 〈미워도 다시 한 번〉을 부르는 상우에게 더욱 애절함이 묻어난다. 홧김에 사진관 창문을 깨는 다림의 서러움과 은수의 신경질적인 한 마디는 닮아 있다. 보다 세심한 마이크로 세상을 담으려는 듯 「봄날은 간다」는 아무것도 아닌 것처럼 스쳐가는 화면 속 공기에 그들의 이야기를 담고 있다. 자극적이지는 않지만, 그 어느 작품보다 긴 여운을 남기는 이야기는 어느새 벚꽃이 만개한 어느 봄길에서 그 끝을 맺는다.

은수와 상우는 뒤돌아선 채 운명을 가늠한다. 상우에게 고정된 화면은 멀리 사라져가는 은수를 흐려진 초점으로 담아낸다. 가슴 위로 펼쳐진 벚꽃과 동일시된 초점으로 점점 멀리, 마침내 저 사람이 은수였을까 할 정도에는 자동차 한 대가 길을 가로질러 그녀의 존재를 덮어버리는 그 순간까지 카메라는 움직임이 없다.

그리움마저 사랑이 되는 그 오랜 미련 저편으로 들리는

또 다른 봄날의 기억은 음악으로 재현된다. 한국 영화음악의 거장 조성우가 만들어낸 또 하나의 명반은 둘의 사랑이 이루어지지 않음을 아쉬워하듯 조화로운 음색을 들려준다. 이미 많은 디스코그라피를 자랑하는 그는 일찍이 영화음악 분야에서는 정통한 인물로 허진호 감독의 전작 「8월의 크리스마스」의 음악을 맡은 이후 두 번째 인연을 자랑한다. 한없이 맑고 투명한 피아노의 연주를 들려주고, 영화 속 음성을 적절히 활용하는 그만의 재치는 사운드트랙을 듣고 있음에도 불구하고 눈앞에 은수와 상우가 그려질 만큼 생생한 리얼리티를 전해준다. 2개 파트의 사운드트랙은 영화음악과 오리지널 스코어로 분류된다.

피아노의 느릿한 곡조와 도화지처럼 하얀 음을 들려주는 아코디언으로 잊혀진 사랑을 떠올리게 하는 〈One Fine Spring Day〉는 극의 요소에 삽입되어 때로는 맑은 강물 위에 떠다니는 꽃잎처럼, 때로는 곧게 뻗은 대나무 숲에서 들을 수 있는 시원함을 담아 들려온다.

두 번째로 들을 수 있는 〈그해 봄에〉서는 뜻밖의 목소리를 만날 수 있다. 상우를 연기한 유지태가 직접 부른 이 곡을 이끄는 것은 피아노뿐이지만, 어느 한 곳 비어 있는 부분을 느끼지 못할 만큼 가득 차 있다. "나 참 먼 길을 아득하게 헤맨 듯해. 얼마나 멀리 간 걸까. 그 해 봄에." 그 무덤덤한 가사

만큼은 사랑에 상처받은 모든 사람들의 마음을 대신해준다.

세 번째로 만날 수 있는 곡은 카리스마 넘치는 음색을 지닌 김윤아가 부르는 영화의 타이틀 곡 〈봄날은 간다〉이다. 엔딩 타이틀에서 인상적으로 흘러나오는 이 곡은 봄날에 대한 기억과 봄날 특유의 외로움을 잘 표현한다. 발라드처럼 느리지도 않고, 그렇다고 빠르지도 않은 이 노래는 말랑말랑하고 달콤할 것만 같은 사랑을 전혀 다른 시각으로, 그러나 결코 어둡거나 쓸쓸하지 않은 분위기로 이끈다.

찾아오는 사랑을 향해 가볍게 인사할 수 있는 여유를 지닌 사람이 과연 몇이나 될까? 먼 길 돌아서 애써 나를 찾은 사랑을 반가워하는 그 곡을 듣고 고개를 끄덕일 사람은 또 과연 얼마나 될까? 뮤지컬배우 이소정이 들려주는 〈사랑의 인사〉는 아직 사랑과 만나보지 못한 이들을 위한 잔잔한 위로다. 미처 알아차리지도 못하는 순간 왔다 가버린 사랑을 아쉬워하듯 현악의 화음이 쓸쓸하게 들린다.

냇물이 흐르는 곳으로 함께 나온 상우의 저편으로 은수가 한가롭게 콧노래를 부른다. 조심스럽게 그 소리를 담는 상우에게서는 사랑의 순간을 남기고 싶은 마음이 드러나고, 그 콧노래는 기타의 아르페지오 멜로디가 화사하게 뿌리를 내리는 곡 〈Plaiser D'amour〉의 바로 앞부분에서 재현된다. 곧이어 트럼펫과 플루트가 더해지면 고요한 숲 속의 작은 음악회처럼 애잔하고 소박한 마음이 울려 퍼진다.

오리지널 스코어로 이루어진 사운드트랙의 또 다른 파트는 상우의 체념 섞인 한 마디로 시작한다.

"어떻게 사랑이 변하니……."

그 짧은 대사 뒤 피아노는 둘의 이별에 눈물을 흘린다. 그리고 그 눈물은 쉽게 멈추지 않는다. 〈소리여행 I (대숲에서)〉과 〈소리여행 II (산사에서)〉까지 전해지는 피아노와 기타의 하모니에는 사랑을 나누던 흔적이 배어난다. 함께 운전하고 밥을 먹고 소리를 담으며 편집하는 그들의 여정을 고스란히 담은 곡들 뒤로 순식간에 흘러가는 기억의 파편들이 따른다. 〈아버지〉, 〈떠남(상우의 테마)〉, 〈집 떠나는 할머니〉 등 〈봄날은 간다〉를 재치 있게 편곡한 곡들부터 잔잔한 피아노의 변주와 메인 테마를 편곡한 사운드까지, 그 정겨운 소리들에는 상우가 그토록 담고 싶어 했던 은수의 마음이 들어 있다. 영화에서 담았던 자연의 소리와 은수와 상우가 나눈 사랑의 속삭임은 어느새 음악으로 남아 오고 가는 봄날 어느 곳에 머물러 있다.

오늘도 그저 걷고 있을 뿐

"마지막 날 마지막 공연의 마지막 곡이 끝났습니다. 할 말이 없습니다. 안녕히 가십시오."

음악을 하기 위해 서울로 상경한 도현(윤도현)의 공연은 그렇게 끝이 났다. 사운드트랙의 일곱 번째 자리 잡은 〈Jungle Strut〉의 말미는 당시의 기억을 뼈저리게 재현한다. 음악을 위해 서울로 상경했고, 오로지 록커가 되기 위해 비닐하우스에서 생활하며 열심히 연습만 했던 도현에게 대한민국 이 땅에서 음악을 하기란 결코 쉬운 일이 아니었다. 약육강식(弱肉强食)의 생존 법칙을 무시할 수 없는 정글의 어느 곳에서 본능에 충실한 비운의 뮤지션 이야기는 그렇게 시작하는 듯 끝맺고 있었다.

이 영화는 아쉽게도 세상 사람들에게 알려지기는커녕 개봉한 다음 주에 극장에서 내려지는 수모를 겪었다. 그나마 손에 쥐어진 사운드트랙의 존재만이 「정글 스토리 Jungle Story」(1996)라는 인상적인 작품을 기억하게 한다. 1970년대의 아련한 향수를 자극하는 사운드트랙에는 정글의 이야기가 하나 둘 빠짐없이 담겨 있다.

음악 하나 해보겠다며 서울로 상경한 도현의 첫 걸음은 너무나도 유명한 종로 거리의 낙원상가에서 시작한다. 그곳에서의 일자리는 음악을 하려면 거쳐야 하는 일종의 관문과도 같은 곳이다. 열심히 악기에 대한 지식도 쌓고 연주도 맘껏 해보는 소중한 연습실인 동시에 실력 있는 인재를 발굴하기 위한 매니저들의 소통 공간이기도 했다. 도현 역시 인생에서 어느 한 번의 기회였을까, 꽤 실력이 있어보이지는 않지만 정직해보이는 매니저(김창완)가 그에게 명함을 건넨다. 도현의 밴드는 앨범을 발매하고, 번듯하게 공연도 열게 된다. 공연이 열리는 그날까지 비닐하우스에서 살고 연습실에서 라면으로 끼니를 대신하는 그들에게 '헝그리 정신'이 깃들었음은 물론이다.

공연은 개최되었지만 인지도가 빈약한 록커의 공연에 사람들이 많이 올 리 없다. 거기에 하늘은 뻥 뚫렸는지 비까지 내린다. 그리고 마지막 날 마지막 공연에 마지막 곡이 끝난 지금, 도현은 텅 빈 객석을 향해 울먹이듯 강인한 목소리로 한 마디 건넨다.

"안녕히 가십시오."

어쩌면 음악을 하는 스스로에게 음악계를 떠나라고 인사하듯 그의 목소리는 힘없이 늘어져 있다. 〈Jungle Strut〉는 이 모든 도현의 여정을 한 곡에 집약하는 신해철의 뛰어난 역량이 돋보이는 곡이다. 혼란스러운 초반부의 일렉트로닉 사운드는 중반 이후 등장하는 극중 인물들의 음성과 교묘한 시너지를 창출한다. 텔레비전에 나온 것을 보고 온동네 사람들의 축하 전화를 받는 도현의 어머니나, 평소 체력 보강을 위해 자주 찾던 약사의 "가수였어요?" 하는 생뚱맞은 질문 그리고 도현의 마지막 멘트까지 들을 수 있다. 사운드트랙을 시작하는 〈Main Theme From Jungle Story-Part 1〉의 웅장한 기타 사운드와 단아한 피아노곡으로 이루어진 잔잔한 접속 트랙 〈Main Theme From Jungle Story-Part 2〉, 그리고 연주곡 기반에 체념 섞인 가사의 읊조림이 어우러진 〈그저 걷고 있는 거지-Main Theme From Jungle Story-Part 3〉까지의 카테고리 속에서 〈Jungle Strut〉가 갖고 있는 비중은 실로 놀랍다.

차분하게 흐르는 메인 테마의 분위기를 일순간에 몽롱하게 바꿔놓음과 동시에, 정체성 혼돈의 자아 분열 뒤에 차분한 안식을 주는 주는 듯한 곡이 이어진다. 트랙 구성에 있어서 〈Jungle Strut〉 다음에 들려오는 〈70년대의 바침〉은 바로 그런 면에서 빼어난 구성력을 자랑한다. 트랜지스터라디오의 잡음소리를 뒤로 한 채 박정희 전 대통령의 서거 소식이 들린다. 이해할 수 없지만 반항할 수 없었고, 탈출하고 싶지만 몸부림칠 수 없었던 1970년대에 대한 애증어린 추억은 1980년대로 시작되는 전두환 정권의 희망찬(?) 포부로 끝맺는다.

끝나지 않을 것만 같았던 독재의 시절은 결국 끝이 났다. 어쩌면 이 곡은 정글이라는 또 다른 독재에 맞서 싸운 도현의 쓸쓸한 마음을 위로하는 것은 아닐까? 감각적으로 표현된 가사는 단순한 사운드트랙 그 이상의 가치가 있다.

〈절망에 관하여〉와 〈백수가〉 또한 도현의 심리를 더듬는 데 무리 없는 트랙이다. 짐작하건대 김창완에게 바치는 리메이크 곡 〈내 마음은 황무지〉는 도현의 적막하고 황폐한 마음을 단면에 표출하는 데 유용하며, 앞선 두 트랙 또한 실질적으로 영화에 등장하지는 않지만, 사운드트랙과 연계되는 앨범에서 빛나는 소중한 보석이 아닐 수 없다. 하지만 무엇보다도 도현의 발자취를 가장 깊게 헤아리는 마지막 곡은 다름 아닌 〈그저 걷고 있는 거지-Main Theme From Jungle Story-Part 3〉이다.

넘고 싶은 산이 있었고, 그 위에 서면 모든 게 이루어지리라 믿었던 순수한 마음도 있었다. 그러나 결코 그 산에 범접할 수 없고 스스로도 원인을 모른 채 걷고 있는 현실이야말로 비운의 「정글 스토리」를 가장 잘 표현해주는 곡이 아닐까? 특히 곧 저물 해와 꽃다발 가득한 세상의 환상을 버린 마음으로 그저 걷고 있는 현실에 안주하고 있다는 표현은 절망을 울부짖는 음악을 잃은 백수의 처연한 심정과 황무지 같은 오늘을 이야기하는 것이다.

세상에 나와 빛을 보는 작품들 가운데 보석을 찾기란 쉽지 않은 일이다. 평론가들의 영화평과 매체의 별점으로 인정받은 외화들도 있고, 제3세계영화라는 이유로 유독 우리의 관심을 집중시키는 영화들도 있다. 그러나 '등잔 밑이 어둡다'는 속담처럼 우리에게도 숨겨진 보석 같은 작품들이 있다. 비록 존재감마저 희미해졌을지언정, 여전히 필름으로 그리고 음악으로 이 세상에 남아 있는 한 「정글 스토리」는 우리의 오랜 염원을 해소시켜줄 최후의 작품이다.

그 누구도 다루려고 하지 않았고 앞으로도 두 번 다시 다루어지지 않을 것 같은 대한민국의 록커 이야기는 김홍준 감독과 실제 록커 윤도현, 그리고 김창완과 명계남 등의 손길을 거쳐 탄생했다. 90분이 채 안 되는 짧은 시간 동안 화려하지 않지만 그렇다고 침울하지도 않은 단조로운 영상미에 사실적인 표현력을 아낌없이 쏟아 부은 1990년대 중반의 걸작은 바로 그렇게 만들어진 것이다.

「바람계곡의 나우시카」와 「카우보이 비밥」

자연과 인간이 하나 되는 그 날

이미 우리는 「매트릭스」 시리즈를 통해 인류 파멸과 기계 문명의 디스토피아를 가늠할 수 있었다. 반도체와 컴퓨터의 이기 속에서 인공지능, 즉 AI라 불리어지는 힘에 무릎 꿇을 수밖에 없는 인간의 모습은 「매트릭스」시리즈뿐 아니라 미래 문명을 다룬 작품들이라면 심심치 않게 동원하는 소재다. 그 런 맥락에서 「바람계곡의 나우시카 Nausicaa Of The Valley Of Wind」(1984)는 21세기가 도래하기도 한참 전 제패니메이 션의 중축이라 불리는 미야자키 하야오(宮崎駿/Hayao Miyazaki)

감독의 손에서 탄생된 작품으로 인간의 미래를 기계문명이 아닌 자연 속에서 점친 독특한 작품이다.

최후의 전쟁 '불의 7일간' 이후 대지의 대부분은 독을 내뿜는 군류 식물들의 부해로 뒤덮인다. 그곳에는 '오무'라 불리는 거대한 곤충을 비롯한 위협적인 생명체들이 살고 있으며, 그 가운데 신선한 바람이 끊이지 않는 바람계곡에선 공주 나우시카가 재앙의 원인을 찾아내는 데 열중한다. 이와 같은 설정은 감독의 독특한 세계관과 원작이 갖고 있는 방대한 기획에서 자연스레 유도되었다고는 하지만, 그 본연에 자리 잡고 있는 자연관과 더불어 미래를 내다보는 관점에 있어서 지금까지 나왔던 작품들과는 현저한 차이를 보인다. 총 7편의 원작 중 2권이 채 안 되는 분량을 애니메이션으로 옮긴 만큼 그 모든 것을 본작을 통해 설명할 수는 없지만, 인류를 위협하는 부해가 동시에 인류의 필요조건인 공기와 물을 생산한다는 아이러니는 작품 속에서 고뇌하고 상처받는 영혼들에게 서서히 안식을 준다.

무한한 상상력을 바탕으로 다양한 기계문명의 2차원적 실상들이 등장하는 이 작품에는 그래서 더욱 그 아이러니에 걸맞는 사운드가 연출되는데, 우리에게도 익숙한 이름의 히사이시 조(Jo Hisaishi)가 맡은 사운드트랙은 애니메이션 이상의 완성도를 자랑한다. 그는 일본 영화계의 거장 기타노 다케시(Takeshi Kitano)의 작품인 「소나티네 Sonatine」(1993), 「기쿠지로의 여름 Kikujiro」(1999) 등의 영화는 물론, 우리에게도 익숙한 「천공의 성 라퓨타 Laputa: Castle In The Sky」(1986), 「센과 치히로의 행방불명 Sen To Chihiro No kamikakushi」(2001) 등의 애니메이션에도 참여하였다.

「모노노케 히메 Mononoke Hime」(1997)로 베니스 영화제 최우수 영화음악상을 수상한 저력 있는 이 음악가는 명콤비 미야자키와의 오랜 호흡을 통해 본작에서 가장 정점에 이른 사운드를 선보인다. 그리고 그가 표현하는 사운드에서는 작품이 표출하려는 심연의 메시지, 자연과 인간의 무한한 교감, 나아가서는 유토피아(Utopia)적인 희망을 선사하는 묘한 카타르시스까지 맛볼 수 있다. 전반적으로 현악을 위주로 한 오케스트라의 다양한 악기를 요소요소에 밀집시키면서 독립된 악기가 부각된 사운드를 전면에 내세우는 그의 스타일은 때로는 한없이 부드러운 과거의 느낌을 연상시키다가도 때로는 일렉트로닉 사운드의 차가운 느낌을 잘 살리고 있다.

신디사이저의 몽환적인 인트로가 매력적인 〈Nausicaa Of The Valley Of The Wind〉는 앞서 연주된 신디사이저의 느낌과 그 뒤를 잇는 피아노의 감미로운 음색이 묘한 대조를 이루는 곡이다. 최후의 전쟁 '불의 7일간' 이후 인류를 구원할 '푸른 옷의 선인'을 떠올리는 장면에서 흐르는 이 곡은 작품의 주제곡임과 동시에 전체적으로 가장 널리 사용되는 곡으로서, 희망을 꿈꾸는 나우시카의 낙천적인 모습을 그린다.

시작부터 등장하는 알 수 없는 숲의 정체. 눈인 듯 공중을 하얗게 뒤덮은 포자 사이로 나우시카의 도전적이고 호기심 많은 눈망울이 보인다. 그 순간 울려 퍼진 총성으로 내용은 급물살을 타고 긴박하게 흐른다. 이때 들려오는 두 번째 곡 ⟨Stampede Of The Ohmu⟩는 빠른 템포의 리듬과 자극적인 전기 기타의 도입부를 거쳐 한결 편안한 사운드를 연출하는데, 극의 초반부에 최대한 궁금증을 유발하고 한번에 해소하는 감독의 전개 스타일에 가까이 다가선 연주다.

이국적인 표현력이 돋보이는 타악기들의 향연 ⟨The Valley Of The Wind⟩는 바람계곡의 언덕을 떠올리게 한다. 마치 하늘을 나는 것처럼 풍성하게 흐르는 현악 연주는 ⟨The Princess Who Love Insects⟩에서 들을 수 있다. 토르메키아의 군대가 바람계곡에 불시착하면서 불안한 기운이 감돈다. 평온하게 들리고는 있지만 리듬 사이사이로 파생되는 불길한 기운의 연주는 ⟨The Invasion Of Kushana⟩이다. 마치 군대의 행렬과도 같은 정박자의 북 연주는 이제 한 집단의 이기심과 그릇된 판단이 얼마나 큰 재앙을 불러오는지 역력히 보여준다. 결국 트로메키아 군의 공격은 시작되고, 평온하기만 하던 바람계곡에도 침략과 만행으로 인한 사상자가 속출한다.

〈Battle〉은 제목 그대로 그들에 맞선 바람계곡 주민들의 분노가 깃들어 있다.

납치와 탈출이 반복되고 그 사이 부해에 불시착한 나우시카에게 오무가 다가온다. 오무의 촉수는 나우시카의 몸을 감싸고 그 순간 소녀는 어린 시절의 추억을 떠올린다. 작품을 통해 가장 아름답고 사랑스런 순간에 들려오는 〈Contact With The Ohmu〉에는 어린 소녀의 허밍이 깃들어 있다. 히사이시의 딸(4살)이 직접 부른 곡은 이 장면 이후로도 후반부에 종종 등장하는데 이 곡이 가진 신비롭고 따뜻한 기운은 작품 전반에 퍼진다.

반복적인 리듬이 신비로운 부해를 표현해내는 곡 〈In The Sea Of Corruption〉은 히사이시의 성향이 잘 느껴지는 곡이다. 이렇다 할 절정이나 기교 없이 일관적으로 스타일을 구사하는 쉽고도 어려운 이런 작업은 작품의 곳곳에서 눈에 띄는데, 소재가 소재이니 만큼 지금까지 우리가 접할 수 없었던 자연의 또 다른 개체들을 이야기하기에 더없이 효과적인 방법인 듯싶다.

오무로 습격당해 폐허가 된 페지테의 황량한 대지를 그리는 〈Annihilation Of Pejite〉는 앞서 등장한 몇몇 곡과 유사한 구조를 지녔으며, 인트로에서 기관총 소리를 북의 스트로크로 표현하고 있다. 오케스트라의 다양한 악기들이 빠르고 긴박한 조화를 이루는 〈The Battle Between Mehve And Corvette〉는 쉬운 멜로디와 리듬이 재치 있게 들린다.

트로메키아 군에게 복수하기 위하여 페지테 군이 오무를 유인해 바람계곡으로 향할 때, 트로메키아 군이 마지막으로 활용하는 카드는 최후의 병사 거신병이다. 그의 부활과 더불어 무차별 공격해오는 오무 떼를 탄력적으로 연출하는 〈The Resurrection Of The Giant Warrior〉는 거신병의 위력과 오무 떼의 작고도 놀라운 힘을 소리로 유감없이 표현하는 웅대한 스케일을 자랑한다. 관악기를 통해 호흡을 조절하며, 무음과 반복 리듬을 구사하여 멀리서부터 다가오는 기운을 피부에까지 느끼게 해주는 완급조절이 뛰어나다.

장중한 현악이 흐르는 가운데 죽음에 다다른 나우시카. 바람계곡의 주민들은 눈물을 글썽이고, 대지에도 멸망의 기운이 엄습해 온다. 그때 오무 떼는 촉수를 통해 나우시카를 부활시킨다. 〈Nausicaa Requiem〉이라 이름 지어진 이 장중한 진혼곡은 마치 또 다른 한편의 작품을 접하는 듯 드라마틱한 구성과 서사적인 연출미를 발휘하는데, 〈Contact With The Ohmu〉에서 들려오던 어린 소녀의 목소리가 다시 반복되면서 묘한 운율감을 느끼게 한다.

결국 대지에는 희망으로 가득 찬 바람이 불어오고 과거에도 그랬듯이 바람계곡에는 새로운 내일이 기다린다. 주제

선율의 반복으로 그 내일을 가장 먼저 맞이하는 〈The Bird Man〉은 인류의 실수가 다시 반복되지 않기를 바라는 염원이 담긴 듯 들린다.

영원히 깨지 않는 꿈을 꾸다

지구상에는 수많은 실사영화와 애니메이션이 있다. 보는 사람마다 제각기 다른 취향으로 애착이 가는 작품을 마음껏 손꼽는 시대에 많은 사람들이 동시에 엄지손가락을 치켜세우는 작품은 그리 흔하지 않다. 그런 면에서 「카우보이 비밥 Cowboy Bebop」 시리즈는 이미 종영한 지 수년이 흐른 지금도 그 열기가 식을 줄 모르고 수많은 마니아를 양산하는 대표적인 작품이다.

서기 2071년의 우주시대를 맞이한 태양계. '위상차 공간 게이트'에 의해 인류는 단시간에 혹성 사이를 이동하며 생활하고 있다. 삶의 무대가 넓어진 만큼 발생하는 범죄 또한 기하급수적으로 늘어가게 되고, 태양계 형사 경찰기구(ISSP)가 조직된다. 그러나 광활한 우주를 무대로 끊이지 않는 범죄를 막기란 역부족이고, 그리하여 도입된 제도가 바로 현상금 사냥꾼, 이름 하여 '카우보이(Cowboy)' 제도이다.

수많은 카우보이들 가운데 비밥 호에 승선한 이들이 유독

눈에 띄는데, 여전히 깨지 않는 꿈을 꾸고 있다며 과거에서 쉽게 벗어나지 못하는 스파이크(Spike)의 이야기는 고전으로 자리 잡고 있다. 현상금을 위해 물불을 안 가리고 뛰어드는 피 끓는 젊음으로 극의 긴장감을 이끄는 스토리는 시리즈가 더해질수록 주체할 수 없는 매력을 뿜어낸다.

비밥 시리즈가 완벽한 고전으로서 자리매김한 이유는 많겠지만, 작품을 해석하는 감독의 탁월한 역량과 영화음악을 빼놓을 수 없다. 음악을 맡은 칸노 요코(Yoko Kanno)야말로 숨은 공신으로서 이 시리즈를 예술의 경지로 승화시켰다. 어쩌면 시리즈보다도 음악이 더 사랑받는 유일한 작품이라고 할 수 있을까? 지금도 관련 사운드트랙 수집에 혈안이 된 수많은 마니아 덕분에 그 메리트 또한 하늘 높은 줄 모르고 치솟고 있다. 사운드트랙의 총 감독을 맡은 칸노 요코는 총 26편의 텔레비전 시리즈를 비롯, 극장판인 「천국의 문 Knockin' On Heaven's Door」(2001)의 음악을 담당하며 다양한 장르의 음악을 선보이는 그야말로 '천재'다.

재즈에 기반을 두고는 있지만 블루스와 스윙, 하드 밥과 소울 등의 디테일한 면모를 보여주는 그녀의 작곡 스타일은, 비단 재즈에서 끝나지 않는다. 그녀의 호흡은 클래식의 편곡과 오케스트라의 협연, 성가대의 웅장한 합창을 시작으로 기타와 피아노의 애절한 솔로 연주, 나아가서는 펑크와 록 메탈, 발라드와 일렉트로니카의 면모까지 완벽하게 재현해낸다. 그리고 놀라운 점은 이러한 음악들의 반 정도가 작품의 제작 이전에 만들어졌다는 점이며, 한 장면 한 커트에 사용되는 그녀의 음악은 캐릭터의 내면 세계와 작품의 질감을 매우 뛰어나게 업그레이드해주고 있다는 점이다. 도저히 한 사람의 감각으로 연주되는 것처럼 들리지 않는 곡들은 30분이 채 안 되는 텔레비전 시리즈 한편의 세션(Session)보다는 극장판으로 제작된 「천국의 문」에서 탁월한 빛을 뿜내고 있다.

우주시대의 다양한 인간 군상을 비추는 타이틀곡에서는 한껏 밝은 이미지를 선사하다가도, 피 흘리는 혈전이 시작되거나 죽음에 이르는 과도한 총성이 계속되는 찰나에는 어김없이 짙은 색소폰 연주와 끊이지 않는 드러밍의 하드 밥 스타일 즉흥 재즈가 들린다. 자유롭게 정보를 수집하는 스파이크 곁에는 말랑말랑한 브릿 팝 성향의 곡이 연주되다가도, 재치 넘치는 에드 곁에는 익살맞은 허밍 곡이, 매혹적이고 고집스러운 페이 곁에는 나지막한 피아노 연주가 들린다.

특별히 곡목을 나열할 수 없는 것은, 워낙 시리즈 전체를 지배하는 곡이 많은 터라 이를 골라듣는 재미를 느끼게 하기 위한 최소한의 배려로 여겨주길 바란다. 단순히 몇 곡을 만들어 비슷한 장면에 끼워 넣기가 아닌, 각 세션에 어울리는 곡들이 따로 있고, 그 가운데 연결되는 몇몇 접속곡들이 세션을 연결시켜주는 고리처럼 사용되는 상호구조는 26편이라는 대작을 더욱 풍성하게, 그러나 마치 한 편인 것처럼 느끼게 해준다. 관련 사운드트랙만 리믹스 앨범을 더해 총 8장에 이르니, 이 어디 단순한 애니메이션 사운드트랙이라고 말할 수 있겠는가!

그렇다면 우리는 왜 비밥 시리즈-아니 시리즈보다도 음악-에 열광하는 것인가? 감독의 상상력과 완성도 있는 시나리오 때문인가? 칸노 요코의 매력적인 음악 덕분인가? 둘 다 정답이라고 할 수 있다. 이 둘이 결합하여 만들어낸 느와르적인 공기와 본능적인 연민을 자극하는 깊은 페이소스는 보는 이를 중독시킨다.

텔레비전 시리즈를 대표적으로 설명하자면, 각 세션별로 등장하는 범인들은 악의 가면을 쓰고는 있지만 어디 하나 애절한 사연 없는 캐릭터가 없으며, 이를 해결하는 주인공들의 캐릭터 역시 융통성 있는 행동이 두드러진다. 또한 전혀 뜻밖의 결말을 유도하는 반전이 속속 포진되어 있는가 하면, 양파 껍질을 벗기듯이 드러나는 그들의 깊은 내면세계는 거부할 수 없는 유혹의 산물이 되기에 충분하다.

깔끔한 편집은 영화적 기법을 사용하여 효과적인 메시지 전달에만 충실하고 구태의연한 정보를 나열하지 않는다. 앵글은 수직과 수평으로 스피드 있게 진행되며 때로는 광각의 넓은 풍경을 담다가도 디테일한 면모까지 클로즈업하는 과감함을 선보여 시각적으로도 지루하지 않게 한다.

메카닉한 디자인 또한 미래를 배경으로 하는 작품답게 독특한 설정들이 묘한 재미를 불러 모으는데, 비밥 호를 비롯해 각 캐릭터들이 탑승하는 머신을 비롯하여 순식간에 먼 거리를 오가는 위상차 게이트, 전자 머니와 기타 효율적인 미래 산업이 총망라된다. 그리고 미래만큼이나 과거의 문화와 소스들에 큰 비중을 둠으로써, 과거에 대한 향수를 불러 일으키는 것은 물론 과거와 현재, 미래가 동시에 공존하는 세계를 만든다.

각 세션은 뚜렷한 주제 의식을 갖고 있으며 주제가 되는 영화와 노래들을 중심으로 줄거리가 형성된다. 홍콩 영화 마니아인 감독의 다양한 습성을 보여주는 부분으로 세션 5편인 「타락 천사의 발라드 Ballad of Fallen Angels」는 영화 「첩혈쌍웅 The Killer」과 「크로우 The Crow」에 모티브를 둔 것이고, 마지막 편인 세션 26편 「The real folk blues 2」는 「영웅본색 2 A Better Tomorrow II」와 비틀즈(Beatles)의 『Abbey Road』 앨범에 담겨진 노래 〈Carry That Weight〉에 모티브를 둔 작품이다. 낯선 작품이지만 이미 우리가 만나본 작품들의 연장선상에서 이야기가 진행되므로 전혀 낯설지 않다.

이런 전반적인 비결들이 한 곳에 모아져 극장 판으로 재탄생하면서 텔레비전 시리즈보다 확장된 영역에서 줄거리와 캐릭터를 그려낸다. 우주와 태양계의 행성에서 매스컴과 경찰, 그리고 범인들 사이에 오고가던 이 숨 가쁜 혈전은 헬로윈데이에 파리의 에펠탑 위에서 벌어지는 마지막 결투를 남겨둔다. 주먹이 오가고 총성이 심장을 꿰뚫는 가운데 바닥에 쓰러진 인물은 다름 아닌 세상의 종말을 꿈꾼 빈센트이다. 그의 환상 속에 존재한 나비가 하나 둘 시야를 가득 메울 때 들려오는 몽환적인 사운드의 〈Powder〉는 클라이맥스가 끝난 뒤 잠식으로 이끄는 최면제와도 같다. 그리고 엔딩 크레딧이 올라 가기 직전부터 들려오는 〈Gotta Knock A Little Harder〉는 전체 시리즈에서의 조각과도 같은 극장판의 끝맺음을 깔끔하고 속 시원하게 맺어주는 스트레이트한 곡이다.

「카우보이 비밥」의 극장판 「천국의 문」은 긴 호흡에 어울리는 이야기와 다양한 장르의 음악이 공존하는 작품으로 오랫동안 잊혀지지 않는 걸작이다. 그 누구도 상상할 수 없었던 표현의 극대화와 장르의 선을 완전히 허물어버리는 사운드의 경쾌함 그리고 미래 사회를 배경으로 펼쳐지는 박진감 넘치는 액션들은 굳이 이유를 붙이지 않더라도 '완벽'하다. 과거와 미래 그 어느 곳에도 이보다 더 천재적인 인물은 다시 나타나지 않을 것 같은 칸노 요코의 음악은 바로 그 '완벽'이라는 말에 가장 잘 어울린다.

단 한 곡으로 기억되는 영화

「오즈의 마법사 The Wizard Of Oz」(1939)

쥬디 갈렌드(Judy Galand) 〈Over The Rainbow〉

우리가 익히 알고 있는 '오즈의 마법사'는 단순한 동화 이
상의 매력을 지닌 작품이다. 두뇌가 없는 허수아비와 심장이
없는 양철 나무꾼, 용기를 얻고자 하는 사자와 집으로 돌아
가려는 도로시를 통해 이 세상에서 진정으로 필요한 것들에
대한 물음을 오랜 시간에 걸쳐 우리에게 던지고 있는 것이다.

명석한 두뇌와 따뜻한 심장, 그 누구보다 뛰어난 용기와
따뜻한 집은 우리가 바라는 소망과 별반 다르지 않다. 그리

고 그것은 잊고 지내던 소중한 것들을 다시 한 번 일깨워주는 역할까지 한다. 현 시대를 살아가는 우리가 서서히 잃어가고 있는 것들에 대해 '오즈의 마법사'는 철학적 메시지를 담고 있다고 볼 수 있다.

1939년작 「오즈의 마법사」는 그림책에서나 보아오던 그 몽환적인 이미지를 영상에 담은 명작으로, 너무나도 유명한 「바람과 함께 사라지다 Gone With The Wind」의 감독 빅터 플레밍(Victor Fleming)의 작품이다. 1940년 아카데미 영화제 최우수 음악상과 주제가상에 빛나는 곡 〈Over The Rainbow〉는 「오즈의 마법사」를 명작의 단계를 넘어선 걸작의 수준으로 이끌었다.

도로시로 출연하고 있는 배우 쥬디 갈렌드가 직접 부르는 〈Over The Rainbow〉는 누구도 가보지 못한 무지개 저편의 풍경을 보다 사실적으로 묘사한다. 그것은 새롭게 다가온 신세계에 대한 동경의 거울이자, 도로시의 고민거리에 대한 해결책이었으며, 신세계에서의 모험을 예견하는 흥미진진한 암시와도 같았다. 또한 극의 요소마다 편곡되어 삽입된 이 곡은 여러 가지 색으로 빛나는 찬란한 무지개를 연상시킨다.

영화는 뮤지컬 장르를 기반으로 다양한 노래를 들려주는데, 하나같이 도로시를 위로하고 격려하는 내용을 담고 있다. 등장하는 캐릭터들은 난쟁이를 시작으로 위트 넘치는 이름들로 가득하며, 착한 마법사와 나쁜 마법사의 대립은 도로시 일행이 점점 성숙해지는 전환점을 마련해주는 계기가 된다.

아픈 만큼 성숙해진다는 것과, 우리가 찾는 그것은 잃은 것이 아닌 잠시 잊고 있던 것임을 일깨워주는 「오즈의 마법사」는 단 한 번도 가보지 못했지만 이미 가본 것이나 다름없는 환상의 세계를 아름다운 영상과 음악으로 표현한 작품이다.

「사랑은 비를 타고 Singin' In The Rain」(1952)
진 켈리(Gene Kelly) 〈Singing In The Rain〉

21세기로 접어들면서 영화의 기술력은 발전에 발전을 거듭해 온갖 특수효과를 동원한 시각적인 풍요로움은 자연스러운 것이 되었다. 즉, 우리가 상상하는 모든 것을 영상에 표현할 수 있는 그런 시기가 도래한 것이다.

그런 가운데 1952년 작 「사랑은 비를 타고」는 멋들어진 특수효과 하나 없지만, 변하지 않는 아름다움과 복고풍의 화려함으로 현란한 특수효과 못지않은 시각적 풍만감을 느끼게 한다. 작품 전체에서 가장 빛나는 곡이자, 이제는 향수로 기억되는 노래 〈Singing In The Rain〉은 이 모든 것을 절정에 이르게 하는 명곡이다.

영화는 공황기에 접어든 1920년대 미국의 할리우드를 배경으로 펼쳐진다. 무성영화가 절정의 인기를 얻고 있을 무렵, 유성영화가 등장하면서 대중의 입맛을 맞추려는 영화사와 배우들이 진땀을 뺀다.

두말이 필요 없는 대 배우 돈 록우드(진 켈리)와 캐시 셀던 (데비 레이놀즈 Debbie Reynolds)의 만남은 우연을 가장한 운명이었고, 그 둘이 가까워지는 내내 티격태격하는 모습은 경쾌한 뮤지컬로 꾸며진다. 수도 없이 반복된 뮤지컬 고전답게 시종일관 펼쳐지는 춤과 음악은 짜임새 있는 구조를 보여준다. 서서히 가까워지는 돈과 캐시의 관계를 정점에 끌어올리는 곡 〈Singing In The Rain〉은 비가 부슬부슬 내리는 캐시의 집 앞에서 그 모습을 드러낸다.

비록 비가 내리고 있지만, 찬란하게 빛나는 태양을 느끼는 돈과 캐시는 이제 막 첫 키스를 나눈다. 흥분되는 마음에 택시 기사를 먼저 돌려보내고 빗속을 향해 걷는 돈에게서 내일에 대한 새로운 희망과 캐시에 대한 불타오르는 마음이 느껴진다.

너무나도 유명해서 특별히 설명이 필요 없는, 몸에 착 달라붙는 정장을 입고 검은색 우산을 든 돈이 경쾌한 춤을 추는 이 장면은 관객의 오감을 모두 마비시킬 만큼 강렬한 마력을 지닌다. 온갖 실패를 거듭하면서 유성영화를 제작하는 영화사의 투지와 자칫하면 우스꽝스러운 연기자로 변할지 모른다는 주인공들의 불안한 심리, 돈과 캐시의 사랑까지 이 장면에 응축되어 있다고 할 수 있다. 즉, 쏟아지는 빗속에서 〈Singing In The Rain〉을 노래하는 돈의 모습을 통해, 현실의 벽을 뛰어 넘으려는 예술인들의 열정과 사랑에 빠져 열병을 앓고 있는 순수한 영혼을 말하고 있는 것이다.

경쾌하게 들리는 탭댄스의 리듬과 박자를 달리해 들을 수 있는 빗소리의 절묘함, 비 내리는 거리와 우산을 최대한 이용하는 액션은 실제 액션영화 못지않은 박진감이 넘친다.

이 곡뿐만 아니라, 영화의 거의 대부분을 차지하는 다양한 레퍼토리의 곡들은 관객의 두발을 땅에 가만히 두지 못하게 만든다. 탭댄스와 재즈, 스윙과 관악기의 하모니는 이제 '고전'이라고 하면 재미없고 지루할 것이란 당신의 낡은 편견을 180도 바꿔줄 좋은 무기가 될 것이다.

「왕과 나 The King And I」(1956) 데보라 카(Deborah Kerr),
율 브린너(Yul Brynner) 〈Shall We Dance?〉

전혀 다른 삶을 살아온 남자와 여자가 만나 사랑하는 것은 그 자체만으로도 놀라운 마법이 아닐 수 없다. 사랑은 국경도 초월한다지만, 영화 「왕과 나」는 국경은 물론 신분까지 뛰어넘은 사랑을 노래한다. 그리고 그들의 사랑을 축복하는 세레나데로 들려오는 〈Shall We Dance?〉는 경쾌하기 이를 데 없는 즐겁고 화사한 분위기를 전한다.

태국의 국왕(율 브린너)과 영국에서 파견된 영어교사 안나 (데보라 카)는 처음 만나는 순간부터 티격태격한다. 무엇 하나 부러울 것 없는 권위적인 국왕과 개방적인 삶을 살아온 안나 사이에는 문화와 가치관의 충돌로 인해 끊임없이 갈등이 생긴다. 그리고 그 갈등은 시각적으로 대비되어 보다 뚜렷하게 나타난다.

대머리에 언제나 몸에 착 달라붙는 옷을 입고 상의는 거의 벗어젖힌 국왕의 단조로운 외모는 그의 거칠고 짧게 끝을 맺는 말투와 흡사하다. 반면 쪽진 머리에 통이 넓은 치마를 자주 입는 안나는 모든 이로 하여금 이해와 설득을 얻어내는 고운 말솜씨와 온화한 내면을 드러낸다.

이처럼 상반된 이미지가 충돌하면서 만드는 갈등의 파편들은 주위를 둘러싼 인물들을 통해 보다 입체적으로 채색되고, 〈Shall We Dance?〉를 통해 서로의 감정을 확인하는 장면에 이르러서는 그 모든 불안감이 해소되는 듯 맑은 기운이 퍼진다.

만남의 흥분과 서로 가까워지는 긴밀한 시간, 그리고 갈등의 해소와 사랑에 대한 확신을 한 순간에 집약시키는 곡

〈Shall We Dance?〉는 가슴 찡한 여운을 남기며 흥겨운 리듬으로 작품에 생명력을 불어넣는다.

「티파니에서 아침을 Breakfast At Tiffany's」 (1961)
오드리 헵번(Audrey Hepburn) 〈Moon River〉

상류층 삶을 꿈꾸며 온갖 남자들과의 관계를 지속하는 홀리(오드리 햅번)는 우울한 날이면 유명한 보석상점 티파니에 가는 독특한 습관을 가진 아름답고 개성 넘치는 인물이다. 그녀의 위층에 살게 된 폴(조지 페퍼드 Jeorge Peppard)은 작가이자 부유한 여자의 정부로 살아가고 있는 남자로 이사 온 첫날부터 홀리와 독특한 분위기로 대면한다.

영화는 홀리와 폴을 중심으로 비슷한 듯 서로 다른 그들의 가치관과 삶의 방식을 그리며, 다양한 에피소드를 늘어놓는다. 영화가 시작되는 그 순간부터 내내 들려오는 초콜릿처럼 달콤한 러브 송 〈Moon River〉는 분위기에 맞게 다양하게 편곡되어 영화 전반을 수놓는다.

평온한 분위기에서는 단조로운 피아노로 연주되다가도, 긴장감이 고조되는 순간에는 오케스트라를 통해 장중한 느낌으로 연주되고, 기분 좋은 폴의 입가에서는 휘파람으로 멋스럽게 흘러나온다.

〈Moon River〉는 영화가 제작된 이듬해 아카데미에서 최우수 음악상 및 주제가상을 받을 만큼 평단의 인정도 받았다. 시대를 달리하는 현재에 이르러서도 다양한 영화와 작품 등의 로맨틱한 장면에서 단골 테마로 등장하며 그 진가를 발휘하고 있다.

특히 영화 속 홀리가 창가에 앉아 기타를 연주하며 부르는 〈Moon River〉는 오드리 헵번이 출연한 영화를 통털어서 그녀의 매력을 가장 잘 부각시키는 장면 중 하나다. 그녀는 젊은 시절에는 가장 우아하고 아름다운 여배우의 이미지로, 말년에는 뜻 깊은 자원봉사활동을 실천하는 천사의 이미지로 기억된다.

그러고 보면 영화는 처음부터 끝까지 오로지 오드리를 위한 작품으로 다가온다. 4층에 사는 괴팍한 아저씨와 넉살 좋게 농담도 즐기지만, 동생의 죽음 앞에서는 광분하는 그녀는 따뜻한 감성을 표현하다가도 어느 순간 요부처럼 보이기도 한다. 이 영화에서 그녀는 꿈을 찾아 허우적대는 10대의 풋풋함과 고혹적인 20대의 매력을 동시에 지닌 인물로 거듭난다.

「티파니에서 아침을」은 바로 이런 오드리의 다양한 연기력에 기대어 뉴욕이라는 도시와 보석상점 티파니라는 공간의 매치를 통해 여성의 심리 상태를 섬세하고 깊이 있게 다루는 작품이다. 특히 폴과의 데이트에서 티파니에 들어서는 순간

짓는 천진난만한 표정과 도서관에서 보이는 퉁명스런 표정은
여성 심리의 이중성을 그대로 드러내는 부분이다.

공주로 등장해 기자와 사랑을 속삭였던 「로마의 휴일
Roman Holiday」(1953)도 오드리 헵번의 대표작임에 틀림없
지만, 그보다는 훨씬 풍부한 표정과 다채로운 감정을 선사하
는 「티파니에서 아침을」이야말로 오드리가 가장 빛을 발하
는 영화라 할 수 있다. 한국인이 좋아하는 영화음악 설문에
서도 언제나 상위에 랭크될 만큼 우리의 정서와도 잘 어울리
는 〈Moon River〉가 있는 한 그녀의 아름다움은 결코 사라지
지 않을 것이다.

「지옥의 묵시록 Apocalypse Now」(1979)
도어즈(The Doors) 〈The End〉

수많은 전쟁영화 중 가장 섬뜩한 인상을 주는 「지옥의 묵
시록」은 이성을 마비시키는 전쟁의 광기를 사실적으로 표현
하여 걸작의 반열에 올라섰다. 뒤이어 소개할 「굿모닝 베트
남」과 같은 베트남 전을 다루고 있지만, 전혀 다른 분위기
와 음악을 들려주는 「지옥의 묵시록」에는 우리가 감당하기
힘든 공포가 도사리고 있다. '전쟁'이 가져다주는 공포와 그
공포를 지배하는 어두운 그림자의 이면으로 도어즈의 〈The

End〉가 흐른다.

도어즈의 음악에는 설명할 수 없는 무언가가 있다. 그것은 신디사이저의 몽롱한 사운드와 보컬 짐 모리슨(Jim Morrison)의 독특한 음색 덕분일 것이다. 하지만 결과적으로 「지옥의 묵시록」과 〈The End〉의 관계는 작품 속에 등장하는 윌라드 대위(마틴 쉰 Martin Sheen)와 커츠 대령(말론 브란도 Marlon Brando)의 관계와 닮아 있다.

영화는 크게 세 가지 공포로 축약된다. 각기 다른 분위기를 연출하면서도 '전쟁'이란 구심점을 놓지 않는 영화에서는 습한 기운과 숨이 막힐 듯한 긴박감이 느껴진다.

〈The End〉를 배경으로 등장하는 첫 장면의 윌라드 대위는 전쟁 이후의 고통을 극의 초반에서 강렬하게 드러내며 앞으로 펼쳐질 전개에 대한 실마리를 제공한다. 고통에서 벗어나기 위한 자해, 잃어버린 이성을 찾으려는 그 심각한 행위는 '전쟁'이 낳은 상처이자 작품이 어루만져야 할 멍으로 남는다.

두 번째로는 서핑 마니아인 킬고어 대령이 서핑을 즐기기 위해 벌이는 전투 장면이다. 바그너(Wagner)의 〈발퀴레(Valkyries)〉 선율이 유명한 이 장면은 아무런 감정이 개입되지 않은 본능에 이끌려 살인을 감행하는 전쟁의 냉혹함이 잘 표현됐다. 민간인들의 대학살을 지켜보는 윌라드 대위 일행의 감각은 서서히 둔해지고 이성은 마비되어 간다.

마지막은 바로 영화 전체를 공포의 심연으로 이끄는 커츠 대령이다. 그는 살아 있는 신이자 법이고, 월라드 대령이 느끼는 딜레마와 악몽의 실체다. 더 이상 그 어떤 선택도 용납하지 않는 커츠 대령의 거대한 아우라 곁에 들리는 음악은 다름 아닌 〈The End〉다. 시종일관 긴장감을 유지시킨 〈The End〉는 긴 여운의 잔상으로 남는다. 그리고 그 여운은 월라드 대위와 커츠 대령의 조우를 통해 확산되고 짙어진다.

영화사에 고전으로 남는 이 영화에는 결코 끝이 보이지 않을 것 같은 두려움의 실체, 서로의 이데올로기 속에 드리워진 감당하기 힘든 공포가 도사리고 있다. 〈The End〉는 그 '끝'을 피 끓는 광기와 차디찬 이성으로 노래하고 있다.

「마지막 황제 The Last Emperor」(1987)
류이치 사카모토(Ryuichi Sakamoto) 〈Rain〉

격변하는 세계사 속에서 고난과 시련을 겪는 중국의 마지막 황제 푸이의 모습은 쓸쓸하다 못해 적막한 그림자뿐이다. 3살 때 서태후의 후계자가 되고 중년에 만주국의 허수아비 황제를 지낸 뒤, 소련군의 포로가 되어 10년을 감옥에서 보내고 만년에 이르러 식물원의 정원사로 생을 마감하는 그의 굴곡 깊은 인생은 우리에게 어떤 의미로 남는가?

천재 아티스트 류이치 사카모토는 격동의 시대를 살아간 한 인물을 음악 안에 담아내는 데 탁월한 감각을 보여준다. 전반적으로 작품에서는 중국 전통 음악과 클래식을 기본으로 활용하고 있지만, 캐릭터의 갈등이나 극의 고조에서는 여지없이 그의 현악 연주와 건반이 등장한다. 이는 날카로운 감성을 여과 없이 표현하는데, 특히 본 작품을 통해 유명해진 곡 〈Rain〉의 등장에서 절정에 달한다.

외로움을 견디다 못해 푸이에게 이별을 고하고 떠나는 후궁의 뒷모습은 마치 자유의 품으로 돌아가는 듯하다. 그 짤막한 시퀀스에는 짧게 끊어 연주하는 피아노의 차가운 감성과 그보다 긴 여운을 남기는 바이올린의 구성진 멜로디가 담긴 〈Rain〉이 어김없이 흐른다. 이 장면은 작품의 맥락에서 큰 비중을 차지하지는 않지만, 여러 가지로 비춰봤을 때 황제 푸이와 국가 간의 관계를 상징하며 국가의 몰락과 앞으로 푸이가 겪게 되는 상황들의 복선으로 작용한다.

비를 막아주는 우산을 던져버리는 후궁과 그녀의 뒷모습에 시선조차 주지 않는 푸이, 서서히 먹구름으로 물들어가는 하늘을 통해 지극히 암울하고 혼돈스러운 현실을 보여주는 이 장면에서 류이치는 '비'라는 흔한 소재를 음악으로 이끌어내 〈Rain〉이란 곡으로 재탄생시키며 효과적인 시너지를 창출하고 있다. 배우로서도 출연하고 있는 그의 탁월한 감각을 단 한순간에 경험할 수 있는 장면이다.

지금 들어도 결코 녹슬지 않은 곡 〈Rain〉은 그렇게 몰락해가는 국가와 그 중심에 선 황제의 혼탁한 심리를 말끔한 연주로 들려준다. 때로는 고동치는 심장의 박동이나 군대의 행진처럼 당당하지만, 슬픔에 빠진 여인의 눈물처럼 따뜻한 온기를 머금은 연주는 빗소리에 묻혀 그 끝을 흐린다. 마지막 장면에 등장하는 귀뚜라미는 마지막 황제 푸이의 모습과 무척 닮아 있다. 묘한 은유로 작용하는 귀뚜라미의 존재는 〈Rain〉에서 느낄 수 있는 긴장감을 선사한다.

「굿모닝 베트남 Good Morning, Vietnam」(1987)
루이 암스트롱(Louis Armstrong) 〈What A Wonderful World〉

전쟁의 포화 속에서 맞이하는 하루같지 않게 너무나도 온화하고 엄숙한 기운마저 감도는 이른 아침에 라디오에서 흘러나오는 기분 좋은 멘트가 있다.

"굿모닝, 베트남!"

언제나 한결같은 모습으로 주어진 역할에 최선을 다하는 배우 로빈 윌리엄스(Robin Williams)의 연기가 인상적인 「굿모닝 베트남」의 중간 오프닝은 우리가 지금까지 만날 수 있던 전쟁영화들과는 사뭇 다른 이야기를 들려준다.

끊이지 않는 신음소리에 굉음만 무성했던 전쟁영화들과는 달리 라디오 DJ라는 독특한 소재를 동원한 이 영화에는 전쟁의 또 다른 이면을 보여주는 놀라운 화법이 숨어 있다. 그리고 그 중심에는 익살스런 DJ의 멘트와 장면 장면을 수놓는 음악들이 자리 잡고 있다.

비치 보이스(The Beach Boys)의 〈I Get Around〉를 시작으로 흥겨운 록큰롤의 향연은 전쟁이라는 의미 없는 대립에 지친 군인들의 피로를 씻어주기에 충분하다.

그리고 결정적인 장면에서 흐르는 루이 암스트롱의 〈What A Wonderful World〉는 비록 그곳이 전쟁터의 참혹한 대지라 할지라도 그 아름다운 모습만은 잃지 않았다고 고집스럽게 노래한다. 전혀 전쟁과 어울릴 것 같지 않은 재즈 음악이 평온한 베트남을 물들이고, 농사짓는 여인의 뒤로 포화가 번진다. 수많은 학생들이 반전시위대에 합류하여, 권력에 맞서 싸우는 그 숨 가쁜 현장을 배경으로 흐르는 이 곡에는 비장미마저 느껴진다.

길거리에 나뒹구는 피 묻은 신발과 부모 잃은 어린 아이의 굶주린 표정에서 우리는 전쟁이 그 어떤 명분으로도 허락될 수 없다는 것을 배운다.

짧게 암전되는 장면의 끝자락에서 DJ는 말한다.

"위대한 루이 암스트롱의 목소리였습니다."

비록 적군 수백 명을 죽인 병사나, 승리로 끝난 작전의 지휘자는 아니지만, 전쟁 속에서 잠시나마 평화로운 세상을 느끼게 해준 루이 암스트롱이야말로 그들에게 영웅일 것이다.

「쇼생크 탈출 The Shawshank Redemption」(1994)
모짜르트(Wolfgang Amadeus Mozart)
〈피가로의 결혼 中 저녁바람이 부드럽게〉

그 날도 그 이전의 어느 날과 전혀 다를 바 없는 너무나 똑같은 일상이다. 쇼생크의 모든 죄수들은 각자 맡은 일을 하기 바쁘고, 간수들 또한 그들의 행동을 지켜보며 한가롭게 오후를 보내고 있다.

바로 그 순간, 운동장에 설치된 스피커에서 요상한 굉음이 들리더니 어느 틈에 소음은 생전 듣도 보도 못한 아름다운 여인의 음성으로 바뀐다. 모든 죄수들은 하던 일을 멈추고 일제히 스피커를 응시한다.

주인공 앤디(팀 로빈스 Tim Robbins)의 절친한 친구 레드(모건 프리먼 Morgan Freeman)의 독백에서 그것은 '아름다운 새가 날아와 벽을 허물어 버린 것으로, 잠시나마 맛볼 수 있는 자유의 소리'로 그려진다. 그것이 자유를 향해 끊임없이 날갯짓하던 앤디의 소망의 시작이었음을 이미 레드는 짐작하고 있었는지 모른다.

영화 「쇼생크 탈출」은 우리가 오랫동안 두고두고 만나야 할 걸작 중 하나다. 흔한 사랑이야기도 없고, 그렇다고 해서 비현실적인 판타지가 녹아 있지도 않은 이 작품에는 다소 과장된 낭만일지는 몰라도 진지한 '자유'가 숨쉰다. '앤디'라는 프리즘을 통해 들여다본 자유는 결코 거창하지도 않지만 그렇다고 초라하지도 않은 모습이다. 다만 분명한 것은 그 어느 사랑이야기보다 더욱 애절하고 감동적이라는 점이다.

작업 종료 이틀 전에 옥상에서 마시던 맥주 3병의 달콤함이나, 일생을 감옥에서 보낸 도서관 노인이 출소 후 바깥 세상에 적응하지 못하고 자살하는 일화는 그들에게 주어진 '자유'를 다시금 곱씹게 하고, 이미 많은 자유가 주어진 우리들에게도 진정한 자유의 의미를 묻는다.

「쇼생크 탈출」의 마지막 장면이 지금까지 아름다운 장면으로 손꼽히는 것 또한 작품 내내 녹아든 자유를, 넓게 펼쳐진 백사장에 한가롭게 배를 수리하고 있는 앤디와 기약 없는 훗날 드디어 조우하게 되는 레드와의 우정을 통해 과장 없이 그려냈기 때문이다. 이 담담하고 수수한 장면에서 감히 눈물 흘릴 용기가 없는 것은 아직 진정한 자유를 경험하지 못했기 때문일 것이다.

모차르트의 〈피가로의 결혼 中 저녁바람이 부드럽게〉는

결과적으로는 작품이 말하려는 메시지를 가장 함축적으로 집약시켜놓은 곡이다. 곡의 내용과 영화는 비록 관련이 없지만, 전혀 다른 세계의 낭만을 경험할 수 있는 이 곡은 회색빛 감옥에서 총천연색의 무지개를 띄워놓은 것과 전혀 다를 바 없다.

하루하루를 소중히 여기고 삶이 헛되지 않았음을 깨달을 수 있다면, 그 깨달음 뒤에 다시 듣는 이 곡은 전혀 새로운 의미로 다가올 것이다. 마치 앤디가 그랬고 레드가 그랬으며, 그곳에 있는 쇼생크의 모든 죄수들이 그랬던 것처럼 말이다. 음악은 때로 그 어떤 사상이나 억압된 제도를 뛰어 넘은 공통의 메신저가 될 수 있다는 것을 「쇼생크 탈출」은 보여주고 있다.

「로미오와 줄리엣 Romeo + Juliet」(1996)
라디오헤드(Radiohead) 〈Exit Music〉

셰익스피어(Shakespeare) 원작의 「로미오와 줄리엣」은 1970년 작 「러브 스토리 Love Story」와 더불어 영화사에 영원히 남을 사랑 영화의 대표작이다. 「러브 스토리」가 불치병을 뛰어 넘는 애절한 사랑이야기를 그린다면 「로미오와 줄리엣」은 그보다는 다소 격정적인 관계를 그린다. 원수 가문의 아들, 딸이 서로 사랑하게 되는 내용은 비단 영화 뿐 아니라, 연극 및 드라마 소재 등으로 전세계에서 활용되고 있다.

올드 팬에게는 당연히 올리비아 핫세(Olivia Hussey)의 청초함이 물씬 느껴지는 1968년 작품이 머릿속에 떠오르겠지만, 21세기에 젊음을 누리는 팬들에게는 올리비아 못지않은 매력을 발산한 클레어 데인즈(Claire Danes)와 수많은 여성 팬의 지지를 받았던 레오나르도 디카프리오(Leonardo Dicaprio)가 연기한 리메이크 작품이 머릿속에 떠오를 것이다.

그리고 영원히 잊지 못할 마지막 장면의 처절한 죽음은 지금도 떠올리면 눈앞에 벌어질 듯 생생하고 진한 감동으로 다가온다. 1968년 작품의 주제가 〈A Time For Us〉는 이미 영화음악의 고전이 되었지만, 여기 30여 년 만에 리메이크 된 1996년 작품에는 뜻밖에도 라디오헤드의 〈Exit Music〉이 들려온다.

엇갈린 운명을 거스르지 못하고 젊음을 저버린 차디찬 시신을 뒤로 하고 무심하게 엔딩 크레딧이 올라갈 때 〈Exit Music〉이 흐른다. 이 곡은 시종일관 자극적이고 화려하기만 했던 리메이크의 가벼움을 한순간에 비극적이고 안타까웠던 원작의 느낌으로 회귀시키는 힘을 지녔다.

비극적인 죽음을 맞이하는 비장미가 느껴지는 처량한 가사에 어쿠스틱 기타와 정체를 알 수 없는 기계음이 뒤섞인 연주는 밴드의 보컬 톰 요크(Thom Yorke)에 의해 더욱 잔인하고 우울하게 표현되어 자살의 충동마저 불러일으킨다. 마치 죽음을 반기기라도 하듯 시종일관 펼쳐지는 곡의 흡입력은 반복해서 들을수록 그 진가를 발휘하게 된다.

아쉽게도 국내 극장에서는 대부분 엔딩 크레딧을 끝까지 제대로 보여주지 않아 영화를 봤음에도 불구하고 이 곡을 기억 못 하는 사람들이 꽤 많은데, 더욱 아쉬운 것은 사운드트랙에도 이 곡이 실려 있지 않다는 것이다. 그나마 다행이라면 라디오헤드의 정규앨범 『OK Computer』에 수록되어 있다는 것이다. 1996년 작 「로미오와 줄리엣」을 좀더 새롭게 만나보는 계기로 뒤늦게나마 접해보는 것도 좋을 듯싶다.

작품 전면에 드러나는 영화음악이야 많은 사람들을 통해 전파되고 다양한 매체에서 접할 수 있겠지만, 이처럼 감춰진 보석 같은 곡은 웬만한 관심을 갖지 않으면 접하기 어렵다. 꼭꼭 숨은 보석을 찾아내는 마음으로 더 많은 영화음악과 함께 할 수 있기를 바란다.

「노킹 온 헤븐스 도어 Knockin' On Heaven's Door」(1997)
젤리크(selig) 〈Knockin' On Heaven's Door〉

시한부 인생을 선고 받은 두 젊은이의 짧은 여정을 통해 진정 우리가 느끼고 되새겨야 할 모든 것들을 거침없이 꼬집는 작품 「노킹 온 헤븐스 도어」(1997)는 천국의 문을 두드리기에는 아직 젊은 그 두 청년이 만나는 어느 평온한 병원에서 시작된다.

거칠고 다혈질인 마틴(틸 슈바이거 Til Schweiger)과 내성적이고 차분한 루디(얀 요세프 리퍼스 Jan Josef Liefers)는 우연히 한 병실에 입원하게 된다. 마틴은 뇌종양, 루디는 골수암에 걸려 남은 시간이라곤 장담할 수 없는 몇 달이 고작인 시한부 인생들이다.

우연한 계기로 서로의 상태를 알게 된 그 둘은 역시 우연히 발견한 데킬라 한 병을 마시기 위해 주방에 잠입해 소금과 레몬을 찾는다. 한 모금 한 모금, 인생의 남은 시간을 위로하던 그 둘은 천국에 관해 이런저런 대화를 하다가 문득 바다에 대한 이야기를 늘어놓는다. 천국에서 유일하게 이야기할 것이라곤 바다뿐이라고 주장하는 마틴은 아직 한 번도 바다를 보지 못했다는 루디와 함께 병원 탈출에 나선다.

내내 슬픈 분위기를 기대했다면 다소 실망감마저 들 정도로 유쾌하고 예측 불가능한 그들의 여정은 록과 펑키(Funky)한 사운드의 영화음악으로 잘 살아난다. 그리고 뜻밖의 에피소드들은 결코 죽음이 슬프거나 외로운 고행의 길만은 아니라고 은근히 말한다. 훔친 벤츠를 타고 병원 주차장을 빠져

나가는 장면을 시작으로, 포복절도하게 만드는 다양한 에피소드들은 영화를 보다 입체적이고 감칠맛 나게 해준다. 그러나 종종 뇌종양으로 인해 혈액순환이 되지 않아 쓰러지는 마틴을 계기로 영화는 본래 가지고 있던 주제 의식과 밀착된 자세를 지닌다.

그 둘이 향하고 있는 바다의 존재는 '천국'으로 해석할 수 있는 평온함과 광활함, 그리고 그 무엇이라도 받아줄 것만 같은 편안함을 간직하고 있다. 그 바다는 그토록 꿈꿔오던 자유로의 귀환—도달이 아닌 귀환—을 은유한다. 묘하게도 그들은 고통을 치유하고 위급한 환자의 생명을 연장해주는 앰뷸런스를 타고 바다에 이른다.

마지막 발작으로 먼저 천국으로 이르는 마틴. 평소 같았으면 마틴에게 약을 줬을 루디였지만, 이제 그 또한 모든 것을 관망한 채 바다를 응시한다. 암전되는 화면 저편으로 들려오는 곡은 다름 아닌 〈Knockin' On Heaven's Door〉이다.

사운드트랙에는 독일 그룹 젤리크(selig)가 부른 버전이 실렸지만, 밥 딜런(Bob Dylan)의 원곡이 그보다 수백 배는 더 매력적이다. 건스 앤 로지스(Guns' N Roses), 에릭 클랩튼(Eric Clapton) 등 걸출한 아티스트들을 통해 반복되어 불려졌고, 시적인 운율과 멋스러운 은유로 노벨문학상 후보로까지 거론된 이 곡은 그래서 더욱 애착이 간다.

영화음악으로 기억되는 사람들

    많은 영화들 속에서 배우들의 연기나 감독의 연출만큼이나 잊혀지지 않는 것이 바로 영화음악이다. 우리는 음악감독의 이름을 뚜렷하게 기억하지는 못하더라도 대신 그들이 일구어낸 아름다운 멜로디와 음악을 기억한다. 그리고 우리는 그들을 '영화음악가'라고 부른다. 살아 있는 전설 엔니오 모리꼬네와 「라스트 사무라이 The Last Samurai」(2003)를 통해 100번째 OST를 맡은 한스 짐머(Hans Zimmer), 주로 독특한 연출 기법의 감독 팀 버튼(Tim Burton)과 콤비를 이루어 활동하는 대니 앨프먼(Danny Elfman) 그리고 우리의 자존심 조성우를 통해 영화음악가에 대해 이야기해보자.

엔니오 모리꼬네

「미션 The Mission」(1986)을 통해 1986년 영국 아카데미에서 음악상을 수상한 엔니오 모리꼬네는 많은 작품에서 잔잔한 멜로디와 가슴 벅찬 감동을 자아낸 인물이다.

1928년 로마 출신으로 트럼펫을 전공한 그는, 이후 할리우드로 진출하면서, 할리우드가 정석처럼 여기고 있던 전통적인 작곡 방식을 과감히 버리고, 휘파람 소리를 비롯한, 차임(Chime), 하모니카 등 새로운 악기들의 차용을 통한 서부 영화음악을 만들어 냈다. 대표적으로 「황야의 무법자 Fistful Of Dollars」(1964)의 휘파람 연주가 바로 그것인데, 수십 년이 지나서도 다양한 영화에서 패러디가 될 만큼 인상적인 멜로디를 구사하는 곡이다.

또한 금주법 시대의 미국 내 갱스터 사회에서 벌어진 배신과 의리를 그린 「원스 어폰 어 타임 인 아메리카 Once Upon A Time In America」(1984)에서 들려오던 플루트 연주는 그의 영화음악의 정점이라고 평가받았다. 작품에 대한 깊이 있는 해석이 담긴 명연주로 영화와 절묘하게 맞아 떨어지는 쓸쓸함을 재현하였다.

이밖에도 애절한 사랑 이야기를 그린 「러브 어페어 Love Affair」(1994)의 피아노 솔로와 너무나도 유명한 「시네마 천국」의 〈러브 테마 Love Theme〉, 금지된 사랑을 그린 「로리타 Lolita」 등의 영화음악은 바로 엔니오 모리꼬네를 상징하는 대명사로 기억되고 있다. 오랜 연륜 만큼이나 어느 한 곳 흠 잡을 데 없는 매끄러움을 선사하는 그의 음악은 이제 고전 을 넘어서 전설이 되기에 충분하다.

한스 짐머

가장 왕성한 활동을 펼치는 영화음악가로 유명한 한스 짐 머는 신디사이저 연주자였던 경력을 바탕으로 화려한 전자 음과 긴박한 스펙터클을 선사한다.

드류 베리모어(Drew Barrymore)와 아담 샌들러(Adam Sandler) 가 주연한 영화 「웨딩 싱어 The Wedding Singer」(1998)에서 들을 수 있던 버글스(Buggles)의 유명한 히트곡 〈Video Killed The Radio Star〉가 바로 한스 짐머가 프로듀스한 작품이라면 그의 취향을 엿볼 수 있지 않을까?

데뷔작이라고 할 수 있는 「레인맨 Rain Man」(1988) 이후 승승장구하던 그는 계속해서 소방관들의 애환을 그린 「분노 의 역류 Backdraft」(1991), 숀 코너리(Sean Connery)의 매력이 물 씬 풍기는 「더 록 The Rock」, 검투사의 화려한 일대기를 그린 「글래디에이터 Gladiator」(2000) 및 스펙타클한 볼거리로 치장

된 블록버스터 「진주만 Pearl Harbor」(2001) 등을 통해 선 굵은 음악을 들려주었다.

그렇다고 그의 작곡 스타일이 액션영화에만 편중된 것도 아니다. 잭 니콜슨(Jack Nicholson)의 연기가 인상적인 「이보다 더 좋을 순 없다 As Good As It Gets」(1997), 모건 프리먼(Morgan Freeman)이 자가용기사로 분한 「드라이빙 미스 데이지 Driving Miss Daisy」(1989) 등 감각적이고 서정적인 작품에서도 그의 역량은 십분 발휘되었다. 샘플링을 통해 다양한 장르의 음악을 만들어내는 데 천부적인 재능을 보이는 한스 짐머는 제작자의 의도에 최대한 귀를 기울이고 자신의 음악적 주관만을 내세우지 않는 것으로도 유명하다. 가장 왕성한 활동을 펼치는 만큼 가장 프로의식이 투철하다고 할까? 그는 다작을 뽐내면서도 어느 한 작품 그만의 스타일을 잃어버린 것이 없는 부지런한 장인이다.

대니 앨프먼

대니 앨프먼은 정규 코스를 밟지 않고 독학을 통해 음악을 공부하였다. 그는 불가능은 없다는 신념 아래 획기적인 시도와 예민한 감각에 의존하는 작곡 스타일로 주목받아왔다.

팀 버튼과의 인연은 그가 활동한 '오잉고 보잉고(Oingo-

Boingo)'라는 밴드의 공연을 팀이 관람한 것이 계기가 되었다. 이후 팀 버튼이 자신의 영화 「피위의 대모험 Pee-wee's Big Adventure」(1985) 스코어를 그에게 의뢰한 것이 큰 성공을 이루면서 그 둘의 찰떡궁합은 화창한 미래를 보장받게 된 것이다. 이후 영화에서만 그의 역량이 표현된 것은 아니다. 그만의 독특한 작곡 스타일은 이른바 '엘프먼에스큐'로 불리며 영화인들의 관심을 사로잡았고, 이로 인해 그는 두 편의 텔레비전 작품을 통해 다양한 음원을 표현해내는 작곡가로 인정받기도 하였다.

가위손을 지니고 태어난 한 소년의 이야기를 독특하고 감성적으로 표현한 「가위손 Edward Scissorhands」(1990), 암울한 디스토피아에 젖은 도시 속 망상 「배트맨 Batman」(1989), 컬트 무비라고 할 만큼 기괴하고 발칙한 전개의 「화성침공 Mars Attacks!」(1996), 따뜻한 가족애를 판타지와 허구를 동원하여 그리는 「빅 피쉬 Big Fish」(2003) 등 다양한 작품에 이름을 올렸다. 여기에 박진감 넘치는 첩보물의 대표작 「미션 임파서블 Mission: Impossible」(1996)까지 떠올린다면 우리는 독특한 세계관을 바탕으로 영화음악에 혼을 불어 넣는 대니 앨프먼을 만날 수 있을 것이다.

음악 그 자체만으로도 훌륭한 퀄리티를 보여주지만 작품과 만났을 때 몇 배의 시너지를 일으키는 그의 일련의 스타일은 앞으로도 무수히 많은 작품에서 효과를 발휘하리라 믿어 의심치 않는다.

조성우

조성우는 국내 영화음악계의 독보적인 존재다. 정규 음악 교육은 전혀 받지 못했지만, 연세대학교에서 철학을 전공한 만큼 섬세하고 예리한 시선으로 시놉시스를 꿰뚫어 영상에 음악을 덧씌우는 데 탁월한 능력을 발휘한다. "영화와 음악의 관계는 바로 사랑하는 남자와 여자의 관계와 같다."라고 말하는 그의 영화음악에서 애잔함과 서정성을 느끼게 되는 것은 당연하다. 선천적으로 타고난 감각과 통찰력 있는 시선이 만나 지금까지 국내 영화에서 경험하지 못한 풍부한 음악을 들려주는 것이다.

그런 맥락에서 그의 음악 스타일은 엔니오 모리꼬네와 비슷하다고도 할 수 있지만, 결코 클래식에만 집중하지 않고 다양한 영역대의 악기 사용과 탁월한 작곡실력을 바탕으로 장르를 넘나들고 있다. 그의 음악은 우리가 기억하는 영화들 곳곳에서 접할 수 있다. 가까이는 전도연이 1인 2역으로 열연한 「인어공주」(2004)의 제주도 어귀에서, 멀리는 허진호의 데뷔작 「8월의 크리스마스」에 등장하는 초원사진관 한 편에서 들려온다.

그렇다고 그의 음악을 멜로영화에서만 들을 수 있는 것은 아니다. 시리즈로 자리 잡고 있는 공포물 「여고괴담 두 번째 이야기」(1999)와 이명세 감독의 걸작 「인정사정 볼 것 없다」(1999), 복고풍 향수를 불러일으킨 「해적 디스코 왕 되다」(2002) 등 그는 특정 장르에 편중하지 않고 다양한 스타일을 유감없이 발휘해왔다.

그러한 필모그라피 가운데 조성우의 스타일과 손길을 통해 비상하는 작품을 꼽는다면 단연 「8월의 크리스마스」와 「고양이를 부탁해」(2001)라고 할 수 있을 것이다. 남들보다 죽음을 먼저 맞이하는 한 남자의 무덤덤한 심리를 표현한 「8월의 크리스마스」의 정원과 다림, 그리고 방황하고 도약하는 갓 20대 소녀들의 생생한 현실을 그린 「고양이를 부탁해」에서 그의 음악이 했던 역할을 좀더 살펴보자.

먼저 「8월의 크리스마스」에서 특별히 기억나는 음악이라고는 산울림의 〈창문너머 어렴풋이 옛 생각이 나겠지요〉일 뿐이다. 여름에서 가을로 막 접어드는, 정원의 옷차림이 반팔에서 긴팔로 전환되는 그 시기에 이 곡이 강렬하게 들려온다. 이 노래는 영화 전반에 들려오는 음악의 수수한 떨림을 보다 긴 여운으로 남긴다. 그리고 필름이 담는 풍경마다 이름을 붙인 각 곡은 정원과 다림의 감정을 고스란히 담아낸다. 한

석규가 직접 부른 〈8월의 크리스마스〉처럼 직접적이지는 않지만, 〈다림의 Waltz〉〈초등학교 운동장〉〈파출소에서〉〈문 닫힌 사진관〉 등은 마치 자신의 운명을 담담하게 받아들이는 정원의 영정 사진처럼 잔잔히 귓가에 맴돈다.

「8월의 크리스마스」보다는 좀더 밝은 이미지를 연출하는 「고양이를 부탁해」에서 그는 음악을 통해 완성의 내일로 향하는 소녀들의 꿈을 표현한다. 꿈을 가득 머금은 별을 하늘에 쏘아 올리는 소녀들의 주제가 〈2별〉, 마치 우주의 어느 별에 불시착해 길을 헤매는 듯한 몽롱함을 선사하는 〈티티〉와 〈산책〉, 현실의 벽을 감당하는 〈무너지다〉의 피아노 연주 등 그들만의 이야기에는 하나같이 따뜻한 숨결이 느껴진다.

조성우만이 들려줄 수 있는 서정미 가득한 음악은 사랑하는 남녀의 관계에서도, 도약하는 스무 살의 풋풋함 속에서도 완벽히 융합된다. 비단 영화음악으로뿐만 아니라 조성우의 음악은 각박해져가는 현실과 메마른 정서를 따뜻한 손길로 어루만지는 촉촉한 단비로 내린다.

영화를 보는 시점은 개인마다 무척 다르다. 배우의 연기나 시나리오에 초점을 둘 수도 있겠지만, 기회가 된다면 영화와 하나가 되는 음악에 귀를 기울여보는 것은 어떨까? 무수히 많은 영화음악가 중에 자신의 취향과 맞는 장인을 찾고 그의 작품을 만나는 색다른 경험을 당신으로부터 기대해본다.

영화음악 불멸의 사운드트랙 이야기

펴낸날	초판 1쇄 2005년 3월 10일
	초판 4쇄 2013년 6월 10일

지은이	박신영
펴낸이	심만수
펴낸곳	(주)살림출판사
출판등록	1989년 11월 1일 제9-210호

주소	경기도 파주시 문발동 522-1
전화	031-955-1350 팩스 031-955-1355
기획 · 편집	031-955-4662
홈페이지	http://www.sallimbooks.com
이메일	book@sallimbooks.com

ISBN	978-89-522-0345-8 04080

※ 값은 뒤표지에 있습니다.
※ 잘못 만들어진 책은 구입하신 서점에서 바꾸어 드립니다.

054 재즈

eBook

최규용(재즈평론가)

즉흥연주의 대명사, 재즈의 종류와 그 변천사를 한눈에 알 수 있도록 소개한 책. 재즈만이 가지고 있는 매력과 음악을 소개한다. 특히 초기부터 현재까지 재즈의 사조에 따라 변화한 즉흥연주를 중심으로 풍부한 비유를 동원하여 서술했기 때문에 재즈의 역사와 다양한 사조의 특징을 쉽게 이해할 수 있다.

255 비틀스

eBook

고영탁(대중음악평론가)

음악 하나로 세상을 정복한 불세출의 록 밴드. 20세기에 가장 큰 충격과 영향을 준 스타 중의 스타! 비틀스는 사람들에게 꿈을 주었고, 많은 젊은이들의 인생을 바꾸었다. 그래서인지 해체한 지 40년이 넘은 지금도 그들은 지구촌 음악팬들의 많은 사랑을 받고 있다. 비틀스의 성장과 발전 모습은 어떠했나? 또 그러한 변동과정은 비틀스 자신들에게 어떤 의미였나?

422 롤링 스톤즈

eBook

김기범(영상 및 정보 기술원)

전설의 록 밴드 '롤링 스톤즈'. 그들의 몸짓 하나하나는 우리가 생각하는 것보다 훨씬 더 탁월한 수준의 음악적 깊이, 전통과 핵심에 충실하려고 애쓴 몸부림의 흔적들이 존재한다. 저자는 '롤링 스톤즈'가 50년 동안 추구해 온 '진짜'의 실체에 다가가기 위해 애쓴다. 결성 50주년을 맞은 지금도 구르기(rolling)를 계속하게 하는 힘. 이 책은 그 '힘'에 관한 이야기다.

127 안토니 가우디 아름다움을 건축한 수도사

eBook

손세관(중앙대 건축공학과 교수)

스페인의 세계적인 건축가 가우디의 삶과 건축세계를 소개하는 책. 어느 양식에도 속할 수 없는 독특한 건축세계를 구축하고 자연과 너무나 닮아 있는 건축가 가우디. 이 책은 우리에게 건축물의 설계가 아닌, 아름다움 자체를 건축한 한 명의 수도자를 만나게 해준다.

131 안도 다다오 건축의 누드작가

eBook

임재진(홍익대 건축공학과 교수)

일본이 낳은 불세출의 건축가 안도 다다오! 프로복서와 고졸학력, 독학으로 최고의 건축가 반열에 오른 그의 삶과 건축, 건축철학에 대해 다뤘다. 미를 창조하는 시인, 인간을 감동시키는 휴머니즘, 동양사상과 서양사상의 가치를 조화롭게 빚어낼 줄 아는 건축가 등 그를 따라다니는 수식어의 연원을 밝혀 본다.

207 한옥

eBook

박명덕(동양공전 건축학과 교수)

한옥의 효율성과 과학성을 면밀히 연구하고 있는 책. 한옥은 주위의 경관요소를 거스르지 않는 곳에 짓되 그곳에서 나오는 재료를 사용하여 그곳의 지세에 맞도록 지었다. 저자는 한옥에서 대들보나 서까래를 쓸 때에도 인공을 가하지 않는 재료를 사용하여 언뜻 보기에는 완결미가 부족한 듯하지만 실제는 그 이상의 치밀함이 들어 있다고 말한다.

114 그리스 미술 이야기

eBook

노성두(이화여대 책임연구원)

서양 미술의 기원을 추적하다 보면 반드시 도달하게 되는 출발점인 그리스의 미술. 이 책은 바로 우리 시대의 탁월한 이야기꾼인 미술사학자 노성두가 그리스 미술에 얽힌 다양한 이야기를 재미있게 풀어놓은 이야기보따리이다. 미술의 사회적 배경과 이론적 뿌리를 더듬어 감상과 해석의 실마리에 접근하는 또 다른 시각을 제공하는 책.

382 이슬람 예술

eBook

전완경(부산외대 아랍어과 교수)

이슬람 예술은 중국을 제외하고 가장 긴 역사를 지닌 전 세계에 가장 널리 분포된 예술이 세계적인 예술이다. 이 책은 이슬람 예술을 장르별, 시대별로 다룬 입문서로 이슬람 문명의 기반이 된 페르시아·지중해·인도·중국 등의 문명과 이슬람교가 융합하여 미술, 건축, 음악이라는 분야에서 어떻게 표현되었는지 설명한다.

417 20세기의 위대한 지휘자 `eBook`

김문경(변리사)

뜨거운 삶과 음악을 동시에 끌어안았던 위대한 지휘자들 중 스무명을 엄선해 그들의 음악관과 스타일, 성장과정을 재조명한 책. 전문 음악칼럼니스트인 저자의 추천음반이 함께 수록되어 있어 클래식 길잡이로서의 역할도 톡톡히 한다. 특히 각 지휘자들의 감각있고 개성 있는 해석 스타일을 묘사한 부분은 이 책의 백미다.

164 영화음악 불멸의 사운드트랙 이야기 `eBook`

박신영(프리랜서 작가)

영화음악 감상에 필요한 기초 지식, 불멸의 영화음악, 자신만의 세계를 인정받는 영화음악인들에 대한 이야기를 담았다. 〈시네마천국〉〈사운드 오브 뮤직〉 같은 고전은 물론, 〈아멜리에〉〈봄날은 간다〉〈카우보이 비밥〉 등 숨겨진 보석 같은 영화음악도 소개한다. 조성우, 엔니오 모리꼬네, 대니 앨프먼 등 거장들의 음악세계도 엿볼 수 있다.

440 발레 `eBook`

김도윤(프리랜서 통번역가)

〈로미오와 줄리엣〉과 〈잠자는 숲속의 미녀〉는 발레 무대에 흔히 오르는 작품 중 하나이다. 그런데 왜 '발레'라는 장르만 생소하게 느껴지는 것일까? 저자는 그 배경에 '고급예술'이라는 오해, 난해한 공연 장르라는 선입견이 존재한다고 지적한다. 저자는 일단 발레라는 예술 장르가 주는 감동의 깊이를 경험하기 위해 문 밖을 나서길 원한다.

194 미야자키 하야오 `eBook`

김윤아(건국대 강사)

미야자키 하야오의 최근 대표작을 통해 일본의 신화와 그 이면을 소개한 책. 〈원령공주〉〈센과 치히로의 행방불명〉〈하울의 움직이는 성〉이 사랑받은 이유는 이 작품들이 가장 보편적이면서도 가장 일본적인 신화이기 때문이다. 신화의 세계를 미야자키 하야오의 작품과 다양한 측면으로 연결시키면서 그의 작품세계의 특성을 밝힌다.

예술

(주)살림출판사
www.sallimbooks.com
주소 경기도 파주시 문발동 522-1 | 전화 031-955-1350 | 팩스 031-955-1355